Mike Palmer's

Neue Golfschule

Golf systematisch lernen

Mike Palmer's

Neue Golfschule

Golf systematisch lernen

BLV

Mein besonderer Dank gilt allen, die mich bei diesem Projekt unterstützt haben, hier insbesondere Colin Callander, Chefredakteur der Zeitschrift »Golf Monthly«, »meinem« Fotomodell Harro Peetoom, dem Photographen Keith Hailey sowie Greg Dukart, Head-Pro des East Sussex National Golf Clubs, England.

Die Bilder auf Seite 117 wurden freundlicherweise von Mizuno (UK) Ltd, die Bilder auf Seite 119/120 von Titleist sowie Footjoy Worldwide und Acushnet Ltd und die Bilder auf Seite 124/125 von Aldila zur Verfügung gestellt. Alle anderen Bilder wurden von Keith Hailey im East Sussex National Golf Club aufgenommen.

Ein Dank geht auch an Glenmuir und Cotsworld, die für die Fotoaufnahmen Kleidung und Schuhe zur Verfügung stellten.

Die Deutsche Bibliothek – CIP-Einheitsaufnahme
Mike Palmer's neue Golfschule : Golf systematisch lernen / Mike Palmer.
[Übers.: Hella und Dieter Praun]. – München ; Wien ; Zürich : BLV, 1998
Einheitssacht.: Systematic golf <dt>
ISBN 3-405-15439-1

BLV Verlagsgesellschaft mbH
München Wien Zürich
80797 München

Titel der englischen Originalausgabe:
SYSTEMATIC GOLF:
a complete golf instruction course/Mike Palmer.
Erschienen 1993 bei Hamlyn, einem Imprint von
Reed Consumer Books Limited
Michelin House, 81 Fulham Road, London SW3 6RB

Übersetzung: Hella und Dieter Praun
Herstellung: Peter Rudolph
Satz und DTP: Satz + Layout Fruth GmbH, München
Einbandgestaltung: Sander & Krause, München
Umschlagfotos: Keith Hailey

ISBN 3-405-15439-1

Inhalt

Einführung

Der weltweite Siegeszug des Golfspiels hat niemanden überrascht, der die Faszination dieses Sports bereits kannte. Die »Neue Golfschule« ist ein Lehrprogramm, das den Schwung vereinfacht, Sie schrittweise mit der Schlagtechnik vertraut macht und Sie schließlich auch über den Platz begleitet. So wird Ihr golfsportliches Können konsequent und sukzessive aufgebaut.

Hierbei gehe ich wie folgt vor: Den Anfänger lasse ich zunächst nur halbe Schläge trainieren, bis sich Ballkontrolle und Schwungbeständigkeit eingestellt haben. Erst dann wird der Spieler an den vollen Schwung herangeführt. Dies verheißt schnellere Fortschritte, als ihn vom ersten Tag an mit dem vollen Schwung zu konfrontieren. In der Folge wird – in logischer Reihenfolge – auf das Spiel in seiner ganzen Komplexität eingegangen. Das Putten kommt daher vor dem Chippen und dem Pitchen, zuletzt kommen die Bunkerschläge an die Reihe. Der Spieler beginnt stets mit kleinen Schwüngen, auf denen er dann die längeren Schläge aufbaut.

Die »Neue Golfschule« hilft Golfanfängern ebenso wie bereits fortgeschrittenen Golfern mit mehr oder minder langjähriger Spielpraxis. Die fundamentalen Aspekte des Golfschwungs werden ausführlich erläutert, ohne theoretische Details unnötig zu vertiefen. Ein versierter Turnierspieler wird dabei nicht unbedingt die gleichen Grundsätze befolgen wie ein Hobbygolfer von durchschnittlicher Spielstärke. Golfer unterschiedlicher Spielstärke müssen unterschiedliche Trainingsschwerpunkte setzen, um Verbesserungen zu erzielen. Auf einen Spieler abgestimmter Unterricht muß für einen anderen nicht zwingend der richtige sein. Meine Unterrichtsmethode für Anfänger unterscheidet sich schon deshalb von der für Fortgeschrittene, weil jeder Golfer individuell veranlagt und eine eigene Persönlichkeit ist, sich daher von jedem anderen unterscheidet und der sogenannte »perfekte Schwung« nicht universellgültig angewandt werden kann.

Die elementaren Aspekte des Golfschwungs sollte zwar jeder Golfer befolgen, die Schwungtechnik indes muß nicht zwangsläufig bei allen Golfern identisch sein. Individuelle Vorlieben und Erfahrungen können hier zu Abweichungen von der Idealvorstellung führen. Dies ist vertretbar, solange der Ball weiterhin effizient geschlagen wird.

Das Golfspiel stellt jeden vor hohe Anforderungen. Solange man aber gezielt vorgeht, muß es sich dabei nicht um einen schwer erlernbaren Sport handeln. Detaillierte Kenntnisse über die fundamentalen Aspekte erlauben es, das individuelle Potential schnellstmöglichst aus der Trainings- und Spielzeit herauszuholen. Anderenfalls laufen Sie Gefahr, sich ein Leben lang auf die technischen Schwungaspekte zu konzentrieren und dabei aber die Voraussetzungen für eine kontinuierliche Verbesserung übersehen. Eine Sackgasse, in der schon viele talentierte Spieler gelandet sind.

Der Weg zu Ihrem größtmöglichen Potential führt einzig über eine effiziente Lehrmethode! Sollten Sie Linkshänder sein, so möchte ich mich schon jetzt bei Ihnen entschuldigen, weil Sie gedanklich alle Bilder umdrehen und bei der Lektüre »seitenverkehrt« denken müssen. Nun wünsche ich Ihnen viel Vergnügen bei der »Neuen Golfschule«. Denken Sie daran: Mehr Wissen führt zu einem besseren Schwung und konstruktives Training zu besseren Ergebnissen. So wird Ihnen Golf noch mehr Freude bereiten!

Mike Palmer

Die Kunst, Golf zu lernen

Ob Anfänger oder fortgeschrittener Golfer – sie alle verfolgen das gleiche Ziel: die Spielstärke zu verbessern. Womit wir schon beim ausschlaggebenden Punkt wären. Wenn ein Golfer sich trotz regelmäßigen Spiels und Trainings nicht konsequent verbessert, so liegt dies in den meisten Fällen daran, daß er keine klare Vorstellung einer guten Schwungtechnik hat. Oder, was in der Konsequenz noch schlimmer ist, falsche Schwungvorstellungen verfolgt. Im Golf, wo Antworten auf Probleme nicht immer offenkundig sind, sollten gründliche Schwunganalysen ausschließlich von erfahrenen Golflehrern vorgenommen werden. Ein noch so kleiner Fehler innerhalb der Ansprechposition oder Schwungtechnik kann die Qualität, Beständigkeit und Weite der Schläge nachhaltig beeinflussen. Die Clubhäuser und Golfplätze dieser Welt sind voller Durchschnittsspieler, die glauben, alles über den Golfschwung zu wissen – was sich seltsamerweise nie in ihrem Spiel niederschlägt! Golf bietet Nährboden für die verrücktesten und wundervollsten Theorien, die der erfolgshungrige Neu-Golfer alle begierig aufgreift, weil er hofft, so die Geheimnisse entschlüsseln zu können.

Dabei gibt es sowohl beim Erlernen als auch beim Verbessern eines Golfschwungs nur eine wissenschaftlich bewiesene Formel: Der Spieler muß sich über seine Ziele genau im klaren sein, während er den Schläger schwingt. Er muß alle Teilbereiche des Bewegungsablaufes so aufbauen, daß sie sich am Ende geradezu instinktiv aneinanderreihen. Schließlich gilt es noch, den Schwung so lange zu wiederholen, bis er in Fleisch und Blut übergegangen ist. –

Links: **Ohne Training auf der Driving-Range können Sie die Schwungvorstellung nicht in ein »Muskelgedächtnis« umwandeln. Nur hier können Sie anhand von gezielten Schwungwiederholungen eine Schlagroutine entwickeln.**

Es erstaunt mich in diesem Zusammenhang immer wieder, wieviele Spieler überhaupt nicht wissen, was sie tun, wodurch jeder Erfolg dem Zufallsprinzip überlassen wird.

Der Golfball hat einen Durchmesser von nur 43 Millimetern, das Loch ist gerade mal 10,8 Zentimeter weit. Dementsprechend ist Golf ein Präzisionsspiel, in dem der exakten Schwungtechnik eine maßgebliche Rolle zukommt. Golf verlangt nach einer sehr gewissenhaften Vorgehensweise. Auf dem Platz werden nicht nur kraftvolle, sondern gleichzeitig auch taktisch plazierte Schläge verlangt.

Wie also geht man gezielt vor, um Golf erfolgreich zu lernen? Es ist davon auszugehen, daß Sie mit dem geringstmöglichen Aufwand den größtmöglichen Erfolg erzielen möchten. In meinen Augen sollte ein Golfer zunächst Unterricht bei einem qualifizierten Golflehrer nehmen, um ein Muskelgedächtnis aufzubauen, durch das die korrekte Schwungbewegung Schlag für Schlag halbautomatisch wiederholbar wird.

So logisch gegliedert der Lernprozeß auch ist, ohne Wissen über die elementaren Schwungaspekte werden Sie nur langsam vorankommen – wenn überhaupt. Beachten Sie daher immer die fundamentalen Voraussetzungen. Führen Sie niemals einen Schwung aus, ohne eine konkrete Schwungvorstellung zu haben! Stellen Sie sich immer den Bewegungsablauf und den Ballflug gedanklich vor. Vertiefen Sie anhand einiger Probeschwünge das Gefühl für die Bewegung, damit Sie beim anschließenden Schlag darauf zurückgreifen können! Wissen verhilft zu einer besseren Vorstellung des Schlages und somit der entsprechenden Schwungtechnik, was dann mit »Gefühl für den Schwung« umschrieben werden kann. Zusammenfassend gilt:

WISSEN → VORSTELLUNGSKRAFT → GEFÜHL → ERFOLG.

Die Bedeutung eines korrekten Schwungbeginns 'kann gar nicht genug betont werden: Schon ein falscher Griff kann jede Verbesserung im Keim ersticken. Daher müssen Sie sich vorab vieles vergegenwärtigen, ehe Sie sich überhaupt mit dem Schwung auseinandersetzen. Diese Aufgabe wird erleichtert, wenn Sie den Schwung als eine Art »Kettenreaktion« verschiedener Schwungelemente betrachten. Sprich: Aus einer guten Ansprechposition heraus wird der Schläger höchstwahrscheinlich auch korrekt schwingen. Wenn Sie sich genügend Zeit für die elementaren Aspekte nehmen, werden Sie leichter zum Erfolg gelangen!

Der Kernpunkt liegt darin, daß eine fundierte Vorstellung des Schwungs erlaubt, mit relativ wenig Training rasch große Fortschritte zu erzielen. Die erste Hürde ist dabei, gründliches Basiswissen zu erhalten. Investieren Sie in Golfunterricht bei einem Golflehrer, der nicht nur ein trainiertes Auge hat, sondern das Fundamentale auch vermitteln kann. Sie müssen allerdings auch Ihren Anteil leisten. Gestehen Sie sich selbst gegenüber ein, zu welcher Schüler-Kategorie Sie zu zählen sind! Konzentrieren Sie sich wirklich auf jeden einzelnen Schwung? Verstehen Sie wirklich, was zu tun ist? Ist Ihr Kopf wirklich frei?

Viele Golfer werden nachhaltig von den Weltklassespielern beeinflußt. Diese Spieler können den Anfänger inspirieren, ich rate jedoch davon ab, einen Schwung in allen Details zu imitieren. Es spricht nichts dagegen, gute Schwünge genau zu beobachten. Bedenken Sie aber, daß selbst bei der Golf-Elite die Bewegungsabläufe voneinander abweichen, wobei ein jeder Schwung auf seine Art dann wieder »funktioniert«. Den »perfekten Schwung« gibt es nicht! Es gibt nur einen Schwung, der auf erprobten und bewährten fundamentalen Aspekten basiert. Bei all dem gibt es aber immer noch Platz für das Individuelle: Letztendlich zählt einzig, wieviele Schläge Sie für 18 Löcher benötigen.

Vor dem Schwung

Ansprechposition

Schwungform und -effizienz hängen weitgehend von der Körper- und Schlägerausrichtung in der Ansprechposition ab. Ausnahmslos hält sich jeder erfolgreiche Golfer an ein festes Ritual, wenn er den Schläger hinter dem Ball plaziert und seinen Körper in Stellung bringt, ehe ein natürlicher Schwung folgen kann. Die korrekte Körper- und Schlägerausrichtung sind Voraussetzung für einen guten Schwung. Eine schlechte Ansprechposition zwingt den Spieler zu Ausgleichsbewegungen, um den ursprünglichen Fehler zu beheben. Das daraus resultierende Trainingsprinzip ist einfach: Befassen Sie sich solange mit den wesentlichen Abläufen beim Einnehmen der Ansprechposition, bis diese geradezu automatisch ablaufen und sich gleichzeitig bequem anfühlen. Erst dann sollten Sie sich mit der Schwungbewegung auseinandersetzen. Dies verlangt nach Disziplin, da jeder Golfanfänger danach trachtet, Bälle zu schlagen und baldmöglichst auf den Platz zu dürfen. Übrigens – auch erfahrene Golfer sollten regelmäßig ihre Ansprechposition kritisch überprüfen!

Die Ansprechposition *(links)*: Die Schlagfläche steht rechtwinklig zur Ball-Ziel-Linie, der Körper ist parallel dazu ausgerichtet.

Halten Sie sich konsequent an ein Konzept. Befassen Sie sich – in logischer Reihenfolge – solange Punkt für Punkt mit jedem fundamentalen Element des Golfschwungs, bis es sich als leicht wiederholbar erweist. Dann erst ist es vom Muskelgedächtnis erfaßt und bedarf keinerlei weiterer Gedanken.

Bevor wir uns die Teilbereiche der Ansprechposition näher betrachten, gilt es zu verstehen, warum dem technischen Aspekt solch große Aufmerksamkeit zu widmen ist. 1. In der Ansprechposition ist der Schläger korrekt zum Ziel auszurichten. Hierfür wird zunächst die Schlagfläche rechtwinklig zur Ziellinie und dann der Körper parallel dazu gestellt. 2. Die Richtung des Schlages ist zumeist vorbestimmt, noch ehe mit dem Schwung begonnen wurde. Lernen Sie, den Schläger so zu halten, daß die Schlagfläche im Treffmoment automatisch square auf den Ball trifft. So kann die Schwunggeschwindigkeit auf den Schlägerkopf übertragen werden. 3. Die Ansprechposition muß derart ausbalanciert sein, daß sich der Schwung bequem anfühlt. Zu guter Letzt müssen Sie sich mit einem Schwungbeginn anfreunden, der bei nur geringer Muskelanspannung eine flüssige Bewegung erlaubt.

Die besten Voraussetzungen, diese elementaren Aspekte korrekt zu erlernen, hat der Anfänger, der von falschen Schwungvorstellungen unbelastet zu Werke gehen kann. Gerade zu Beginn des Golferlebens sollte daher die Ansprechposition häufig überprüft werden. Ein wiederholbarer, zuverlässiger Schwung erarbeitet sich am einfachsten aus einer korrekten Ansprechposition heraus!

Schlagflächenausrichtung

Jeder Golfschlag ist die Symbiose aus Richtung und Entfernung. Die Schlagweite hängt vordergründig von der Schlägerkopfgeschwindigkeit im Treffmoment ab, die Richtung indes ist weitgehend durch die Ansprechposition vorbestimmt. Bevor Sie danach trachten, einen Ball präzise zu schlagen, müssen Sie die Schlagfläche korrekt ausrichten können und sich mit Griff, Stand sowie Schwung auseinandergesetzt haben. Jeder Ihrer Schläge, auch die auf der Driving-Range, sollte ausnahmslos auf ein Ziel ausgerichtet sein. Trainieren Sie niemals, ohne der Ballrichtung Bedeutung beizumessen!

Ein guter Schwung beginnt mit der korrekten Ausrichtung der Schlagfläche, die rechtwinklig zur Ball-Ziel-Linie steht. Ist die Schlagfläche square ausgerichtet, stellt die weitere Einnahme der Ansprechposition keine größeren Probleme mehr dar. Bedenken Sie aber: Ein einziger Fehler im Bereich der fundamentalen Aspekte wird im Laufe des Schwungs eine Kompensation nach sich führen, die Sie daran hindern wird, Ihr gesamtes Potential auszuschöpfen.

Plazieren Sie die untere Kante der Schlagfläche (»Leading edge«) im 90-Grad-Winkel zur Ball-Ziel-Linie. Die Schlägerkopfsohle liegt dabei am Boden auf und der Schlägerschaft steht – von vorne betrachtet – nahezu senkrecht. Sie können den Schaft zwar etwas in Richtung Ziel rücken, aber nicht zuviel, weil sich die Hände sonst zu weit vor dem Ball befinden. Die Ausrichtung der Schlagfläche (immer square zur Ziellinie) gilt es regelmäßig zu überprüfen. Am besten gelingt das, indem ein weiterer Schläger parallel zur Ball-Ziel-Linie auf den Boden gelegt wird. Verinnerlichen Sie sich, wie die Schlagfläche – von oben und von der Seite gesehen – ausgerichtet sein muß. (Im Wettspiel verbieten Ihnen die Golfregeln die Benützung eines weiteren Schlägers zur Überprüfung der Ausrichtung!) Fortgeschrittene Golfer sollten sich, egal ob auf der Driving-Range oder auf dem Platz, auf jeden Schlag mit einem gleichbleibenden Ritual vorbereiten. Dieses Vorbereitungsritual könnte wie folgt aussehen: Stellen Sie sich, in der Verlängerung der Ball-Ziel-Linie, hinter den Ball. Merken Sie sich, etwa einen Meter vor dem Ball, auf der Ball-Ziel-Linie, einen Punkt (ein Blatt, ein heller Fleck im Gras o. ä.), über den hinweg der Ball starten soll. Dies kann bei der Ausrichtung der Schlagfläche dann sehr hilfreich sein, denn es ist doch einfacher, auf etwas Nahes zu zielen, als auf etwas in weiter Ferne Gelegenes.

Checkliste

❍ Voraussetzung für eine korrekte Ausrichtung ist, die imaginäre Ball-Ziel-Linie deutlich vor dem geistigen Auge zu sehen.

❍ Die untere Kante der Schlagfläche steht im rechten Winkel zur Ball-Ziel-Linie.

❍ Verinnerlichen Sie sich, wie die Schlagfläche – von oben betrachtet – steht. Aus frontaler Sicht sollte der Schlägerschaft senkrecht bzw. etwas zum Ziel geneigt stehen.

❍ Bevor Sie die Ansprechposition einnehmen, stellen Sie sich in der Verlängerung der Ball-Ziel-Linie hinter den Ball und suchen sich vor dem Ball einen Punkt, über den er dann starten soll.

Halten Sie den Schläger nur mit der rechten Hand, während Sie den Schlägerkopf hinter den Ball stellen. Beim Training sollten Sie zur Überprüfung Ihrer Ausrichtung einen weiteren Schläger parallel zur Ball-Ziel-Linie auf den Boden legen.

Griff

Bevor wir auch nur einen Gedanken darauf verwenden, wie die Hände um den Schlägergriff zu legen sind, möchte ich hier die Bedeutung des korrekten Griffdrucks hervorheben. Balancieren Sie das Eisen 6 auf Ihrem kleinen Finger! Sie werden rasch feststellen, wie leichtgewichtig ein Schläger doch ist. Dem muß Ihr Griffdruck angepaßt werden. Ein weitverbreiteter Fehler unter schwächeren Golfern ist der zu starke Griffdruck. Dadurch, daß der Schläger zu fest gegriffen wird, geht einer der wichtigsten Aspekte des Golfschwungs verloren: die Kombination aus Kontrolle der Schlagfläche und Schlägerkopfgeschwindigkeit.
Auch wenn man in der Fachsprache vom »Schläger greifen« spricht, so handelt es sich doch eigentlich um ein »Schläger halten«. Der Griffdruck muß so leicht sein, daß Sie den Schlägerkopf in jeder Schwungphase spüren können. Dieses Gefühl wird verstärkt, wenn der Schläger mit den Fingern gehalten wird. (Denken Sie an den Geiger, der den Bogen hält!) Die Schwungkontrolle wird über die Hände auf den Schlägerkopf übertragen, was voraussetzt, daß Handgelenke und Unterarme locker und entspannt sind. Nachfolgend eine gute Übung für Anfänger: Versuchen Sie mit dem Schläger, korrekt gehalten, Zahlen und/oder Buchstaben in die Luft zu malen. Dies wird Ihnen nur mit dem richtigen Griffdruck gelingen! Da der Golfball möglichst weit geschlagen werden soll, haben viele Golfanfänger Probleme mit dem Gedanken, den Golfschläger möglichst leicht zu greifen. Dabei hat muskuläre Kraft wirklich wenig mit der Schlagweite zu tun! Eher im Gegenteil. Bei einer flüssigen Schwungbewegung übertragen Handgelenke, Unterarme und Hände gemeinsam die Kraft der größeren Muskelgruppen (Rücken, Schultern) auf den Schlägerkopf. Entscheidend hierfür ist ein leichter Griffdruck.

Die linke Hand

Bis Ihnen der korrekte Griff in Fleisch und Blut übergegangen ist, müssen Sie sehr sorgfältig vorgehen. Beachten Sie wirklich jedes Detail! Beginnen wir mit der Position der linken Hand. Um die Schlagfläche zu

Öffnen Sie die linke Hand, so daß Ihre Finger zu den Füßen zeigen. Halten Sie dabei den Schläger mit dem Daumen und dem Zeigefinger der rechten Hand. So stabilisieren Sie den Schlägerkopf, er kann nicht verdrehen.

stabilisieren, greifen Sie das Ende des Schlägers mit dem Daumen und dem Zeigefinger der rechten Hand. (Ihr Körper muß zuvor richtig ausgerichtet sein – ein Punkt, auf den ich später ausführlich eingehen werde.) Ihr Gesäß ist etwas nach außen gestreckt, Ihr Oberkörper – aus der Hüfte heraus – nach vorne gebeugt und Ihre Knie ein wenig angewinkelt. Bevor Sie sich mit dem Griff befassen, haben Sie korrekt vor dem Ball zu stehen, weil Ihre Arme locker von den Schultern herabhängen müssen.

Bei korrekter Körperhaltung (nach vorne gebeugter Oberkörper und leicht angewinkelte Knie) halten Sie den Schläger an dessen Griffende und umschließen den Schlägergriff mit der linken Hand.

Dies ist nicht möglich, solange Sie zu aufrecht stehen!
Beginnen Sie immer mit einer hinter den Ball gestellten Schlagfläche. (Und nicht, wie dies einige gute Spieler tun, mit einer in die Luft gehaltenen!) So lernen Sie besser, die Schlagfläche rechtwinklig zur Ball-Ziel-Linie zu halten. Ihr linker Arm hängt natürlich von der Schulter herab, Sie öffnen die Hand und legen den Schläger diagonal über Handteller und Finger. Sie halten Ihre Finger, die zu Ihren Zehen zeigen, beisammen. Der Schläger liegt auf dem mittleren Gelenk Ihres Zeigefingers und auf dem Handteller, oberhalb Ihres linken kleinen Fingers. Bevor Sie nun die Hand um den Schläger schließen, vergewissern Sie sich noch, daß Sie mindestens einen Zentimeter unterhalb des Schlägergriffendes greifen.

Während Sie die linke Hand schließen, achten Sie auf einen leichten Griffdruck. Sie werden vielleicht feststellen, daß die Fingerkuppen etwas fester greifen. Dadurch gewährleisten Sie genug Spannung, um den Schläger zu kontrollieren. Ein weitverbreiteter Fehler ist, den Schläger zu fest zu »klammern«. Bei einer korrekten Position der linken Hand ragt der linke Daumen kaum weiter nach vorne als der angewinkelte Zeigefinger. (Ähnlich des Griffs, mit dem Sie einen Hammer greifen!) Der Daumen liegt nah am Zeigefinger, wodurch die Hand kompakt bleibt. Sie spüren, daß der Handballen und die Finger gemeinsam den Schläger halten.

Es gilt, eine neutrale Position zu finden, will heißen: Beide Hände führen die Schlagfläche square zurück und durch den Treffmoment, ohne daß dabei die Schlagfläche bewußt gesteuert wird. Der linke Daumen liegt etwas rechts von der Mitte des Schlägergriffs (frontal betrachtet: 11.30 Uhr auf einem Zifferblatt – siehe Bild unten links). Die bei Hobbygolfern weitverbreitete Annahme, der Daumen sollte mittig auf dem Schlägergriff liegen, ist falsch. Nur der Daumenballen liegt auf der Mitte des Schlägergriffes, der »Rest« des Daumens zeigt nach rechts. Als nächstes gilt es – entweder durch einen Blick in den Spiegel oder durch Anhebung des Schlägers um mindestens einen Meter –, die Anzahl der sichtbaren Fingerknöchel zu überprüfen. Halten Sie die Spitze des Schlägerkopfes senkrecht nach oben und Ihre Augen genau über der linken Hand. Nun dürfen nur zwei Fingerknöchel deutlich und ein dritter teilweise sichtbar sein. Sollten Sie noch einen vierten Fingerknöchel erspähen, so ist die Hand auf dem Schlägergriff etwas nach links zu drehen.

Linke Hand – Achtung Fehler!

Es wird Zeit und Trainingseinheiten in Anspruch nehmen, ehe Ihre linke Hand regelmäßig korrekt greift und es sich gleichzeitig auch noch gut anfühlt. Viele Golfer begehen schon zu diesem frühen Schwungzeitpunkt Fehler mit dramatischen Folgen. Gravierende Schwungprobleme resultieren oftmals aus einem falschen Griff! Dabei ist der schlimmste Fehler, die linke Hand links der neutralen Position zu halten. Dabei wird der Schläger zu sehr in den Fingern gegriffen und die Hand ballt sich zu einer Faust. Der Schläger liegt nicht innerhalb des angewinkelten Zeige-

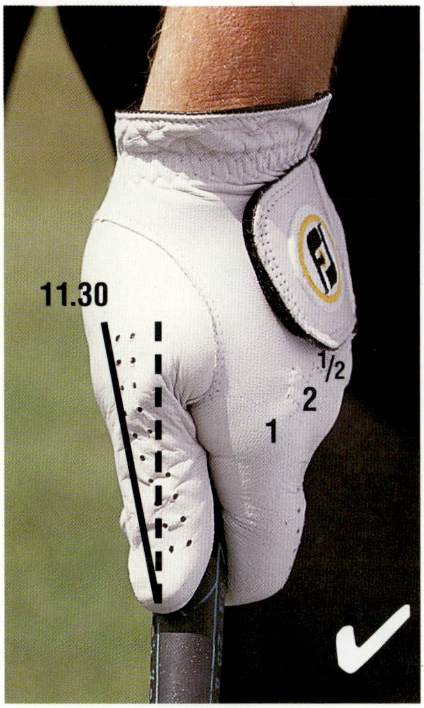

✔ RICHTIG ✔
Beim richtigen Greifen der linken Hand sind zweieinhalb Fingerknöchel sichtbar. Der Daumen läuft aus Sicht des Spielers etwas von der Schlägergriff-Mitte nach rechts.

✘ FALSCH ✘
Ist die linke Hand aus Sicht des Spielers zu weit nach rechts gedreht, sind dreieinhalb oder gar vier Fingerknöchel sichtbar. Diese Haltung wird auch als «starker Griff« bezeichnet.

✘ FALSCH ✘
Die Daumenkuppe liegt zwar richtig, die gesamte Haltung der linken Hand ist aber zu »schwach«. Das Ergebnis ist eine geringere Schlägerkopfgeschwindigkeit und eine geöffnete Schlagfläche im Treffmoment.

✔ **RICHTIG** ✔
Die Finger der linken Hand liegen eng zusammen, der Daumen ragt nicht über den angewinkelten Zeigefinger hinweg. Folge: maximale Kontrolle und ein natürliches Abwinkeln der Handgelenke.

✓ **RICHTIG** ✓
Aus dieser Perspektive heraus läßt sich deutlich erkennen, daß die linke Hand unterhalb des Schlägergriffendes greift. Der Schläger verläuft diagonal durch die Hand.

✗ **FALSCH** ✗
Ein langgezogener linker Daumen bewirkt eine nur geringe Schlägerkontrolle durch den Handballen. Öffnet man die Hand, wird ersichtlich, daß der Schläger zu sehr in den Fingern gehalten wird.

fingers, zudem ist die Hand nach außen gedreht. Die Folge sind unpräzise Schläge, die zumeist rechts des Ziels landen. Der Daumenballen liegt zwar korrekt, aber der Daumen zeigt – aus Sicht des Spielers – nach links. Dadurch kann der Handteller den Schläger nicht mehr kontrollieren. Bei diesem Griff ist für den Spieler zudem höchstens ein Fingerknöchel zu sehen.

Denken Sie daran, daß zweieinhalb Fingerknöchel sichtbar sein sollten, wenn Sie den Schlägerkopf nach oben heben. Zeigt die Hand im Verhältnis zur neutralen Position nach links, nennen wir das einen »schwachen« Griff – wobei sich das »schwach« nicht auf den Griffdruck bezieht. Wird der Schläger korrekt mit Handballen und Fingern gehalten, die Hand aber aus Sicht des Spielers links der neutralen Position

Moderne Griff-Fachsprache

Angepaßt an die moderne Golf-Fachsprache, rede ich von einem »starken« Griff, wenn eine – oder auch beide – Hände aus Sicht des Spielers im Verhältnis zur neutralen Position zu weit rechts angeordnet sind. Es handelt sich dabei um eine etwas unglückliche Bezeichnung. Denn da sich der »starke« Griff tatsächlich stärker anfühlt, neigen viele Golfer dazu, gleichzeitig den Griffdruck zu verstärken. Wie wir aber inzwischen wissen, ist ein leichter Griffdruck für eine flüssige Bewegung mit viel Schlägerkopfgeschwindigkeit hilfreicher. Es wäre daher weitaus sinnvoller, den »starken« Griff als »rechts von neutral«-Griff zu titulieren.

»Neutral« umschreibt die optimale Positionierung Ihrer Hände – Grundvoraussetzung, um die Schlagfläche im Treffmoment rechtwinklig zur Ball-Ziel-Linie durch den Ball zu führen. Für die meisten Golfer bedeutet dies, daß aus Sicht des Spielers zweieinhalb Fingerknöchel der linken Hand zu sehen sind und die rechte Hand den linken Daumen so übergreift, daß – von vorne betrachtet – die Fingerkuppen der rechten Hand weiterhin sichtbar bleiben.

✓ RICHTIG ✓
Wenn Sie den Schläger vor sich anheben, sollte der Daumen ein wenig nach rechts zeigen, während Sie zweieinhalb Fingerknöchel sehen können.

✗ FALSCH ✗
Wenn der Daumen im Verhältnis zur neutralen Position links liegt, ist der Griff zu «schwach«. Aus dieser Perspektive ist dann höchstens ein – statt zweieinhalb – Fingerknöchel sichtbar.

✗ FALSCH ✗
Bei diesem »starken« Griff liegt nicht nur der Daumen zu weit rechts, zudem hat er sich vom Zeigefinger gelöst.

gehalten, wird die Schlagfläche im Treffmoment nicht square auf den Ball treffen. Bei diesem falschen Griff sind weniger als zweieinhalb Fingerknöchel sichtbar. Das geringere Übel ist, wenn die linke Hand aus Sicht des Spielers zu weit rechts liegt, wodurch mehr als zweieinhalb Fingerknöchel zu sehen sein werden. Dieser »starke« Griff bewirkt zumeist, daß sich die Schlagfläche im Treffmoment nach links verdreht, wodurch der Ball auch nach links fliegt. Dieser Griff wird seinem Namen gerecht, fühlt er sich doch sehr kraftvoll an. Hat sich der Spieler erst an diesen Griff gewöhnt, wird eine Korrektur dieser Handposition äußerst schwierig. Überprüfen Sie daher regelmäßig die Anzahl der sichtbaren Fingerknöchel.

Die rechte Hand

Vergessen Sie nie, daß beide Hände auf dem Schlägergriff eine Einheit bilden müssen. Nur ihr Zusammenwirken verheißt Schlagkraft und Schlägerblattkontrolle. Ich werde nummehr den Overlapping-Griff erklären, der auch als »Vardon-Griff« bekannt ist. Die meisten Weltklassespieler vertrauen auf diesen Griff, daher sollte er auch für jeden Anfänger die nachahmenswerteste Griffvariante darstellen. Beim Overlapping-Griff zeigt der rechte Handteller zum Ziel, der Schläger wird im Vergleich zur linken Hand deutlich mehr mit den Fingern gehalten. Insbesondere Golfanfänger spüren das unterschiedliche Gefühl in den beiden Händen: In der linken Hand halten Handballen und Finger den Schläger, die rechte Hand, bei der vermeintlich nur die Fingerkuppen den Schlägergriff halten, kontrolliert die Schlagfläche. Auch wenn dieses Gefühl etwas über den tatsächlichen Sachverhalt hinwegtäuscht, so hilft es doch, den korrekten Griff zu finden. Die Ausrichtung des Handballens ist maßgeblich für die Schlägerkontrolle und bildet daher die Grundlage für die Positionierung der Hände auf dem Schlägergriff. Beginnen Sie, indem Sie den Zeige- und den kleinen Finger etwas von den zusammengehaltenen Ring- und Mittelfinger wegstrecken. Schon dies mag für den einen oder anderen Spieler nach einigen Beweglichkeitsübungen verlangen – ein Aufwand, der sich lohnt, beeinflußt die Spreizung der Finger doch maßgeblich die Qualität des Griffes. Legen Sie den kleinen Finger der rechten Hand locker über Zeige- und Mittelfinger der linken. Achten

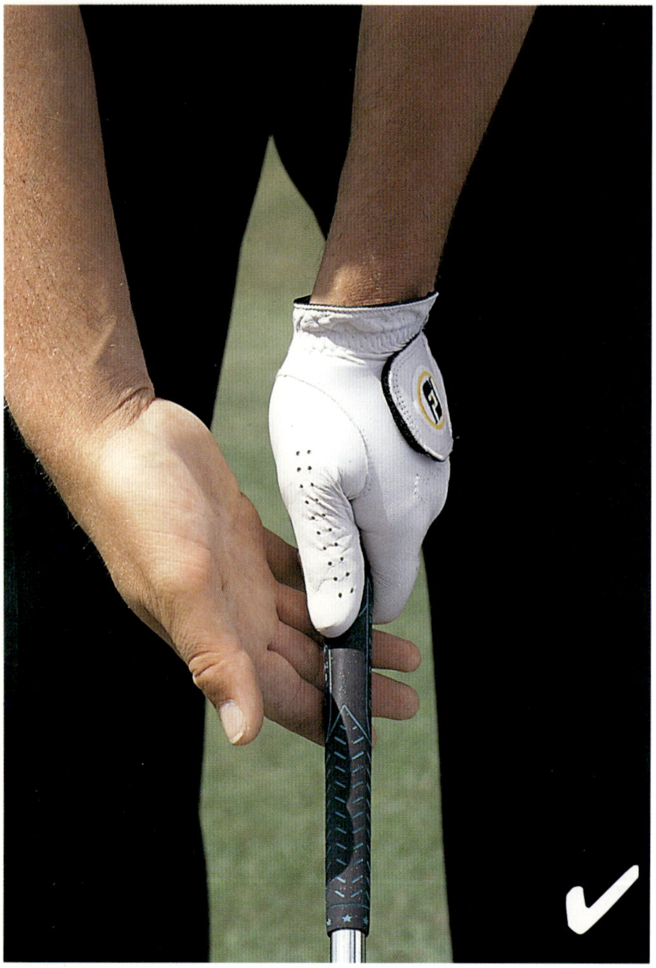

✔ RICHTIG ✔
Erst wird der kleine rechte Finger über die linken Zeige- und Mittelfinger, dann die anderen rechten Finger um den Schlägergriff gelegt.
Wichtig: Die Handfläche zeigt dabei weiterhin zum Ziel.

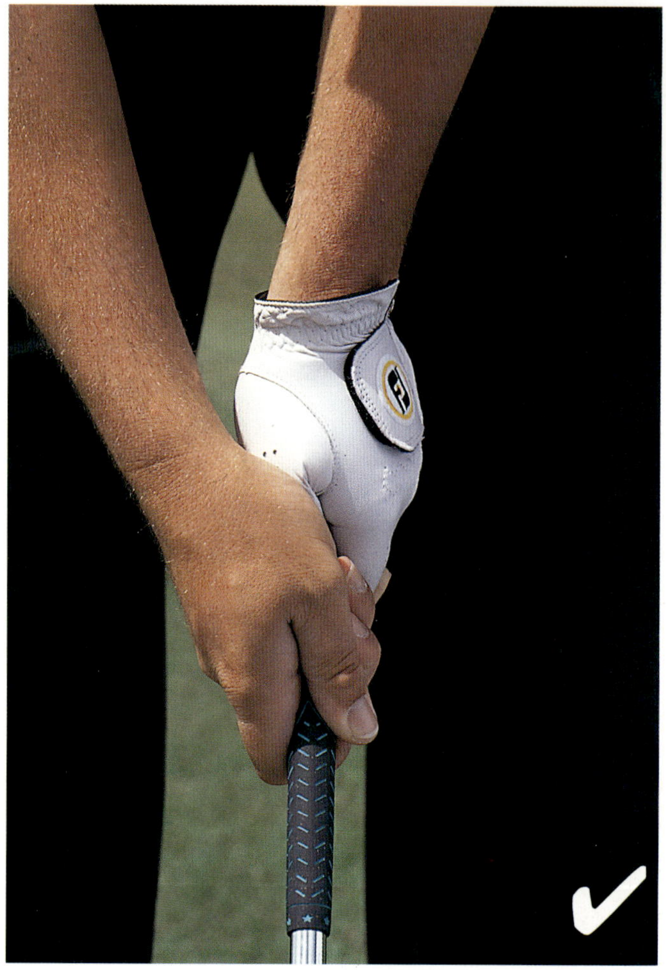

✔ RICHTIG ✔
Die rechte Hand liegt über dem linken Daumen. Der tiefste Griff-Punkt ist der Zeigefinger, der Daumen wird kurz gehalten und auf keinen Fall nach unten gestreckt.

Sie darauf, daß sich die rechte Hand dabei nicht nach rechts verdreht, wodurch die Handfläche nicht mehr zum Ziel zeigen würde. Greifen Sie den Schlägergriff nun mit dem Ring- und Mittelfinger, wobei der rechte Ringfinger den linken Zeigefinger berührt. Der Zeigefinger ist dabei etwas gelöst, ganz so, als läge er auf einem Pistolenabzug. Diese Positionierung der Finger erlaubt Ihnen sowohl Schlagflächenkontrolle als auch Kraftübertragung. Zuletzt wird der Daumen auf den Schlägergriff gelegt, wobei nur die Fingerkuppe das Griffband berührt. Der rechte Daumen liegt über dem linken, so daß der – frontal gesehen – nicht mehr sichtbar ist.
Die rechte Hand sollte kompakt auf dem Schläger liegen. Dabei wird der rechte Daumen ebenfalls kurz gehalten – der niedrigste Punkt des Griffs ist der angewinkelte Zeigefinger. Der Daumen zeigt in die gleiche Richtung wie der linke, also erneut zur 11.30 Uhr-Position (und nicht etwa nach unten!). Aus Sicht des Spielers liegt die Daumenkuppe links der Schlägergriffmitte. Allerdings nur soweit, daß sie die Fingernägel von Ring- und Mittelfinger nicht überdeckt.

Rechte Hand – Achtung Fehler!

Golf verlangt nach Richtungskontrolle. Da die rechte Hand hierauf maßgeblichen Einfluß hat, sollten Golfer als erstes ihren Griff überprüfen, falls die Schläge regelmäßig links oder rechts vom Ziel abweichen. Bei Anfängern dauert es erfahrungsgemäß eine gewisse Zeit, bis die rechte Hand korrekt greift, zumal sich die Handhaltung unbequem anfühlt. Dadurch prägen sich manchmal schon im frühen Golferstadium gravierende Fehler ein! Der weitverbreiteste Fehler ist eine zu »starke« rechte Hand, die zu weit unter den Griff rutscht, wodurch die Handfläche zum Himmel – statt zum Ziel – zeigt. Der Daumen folgt zwangs-

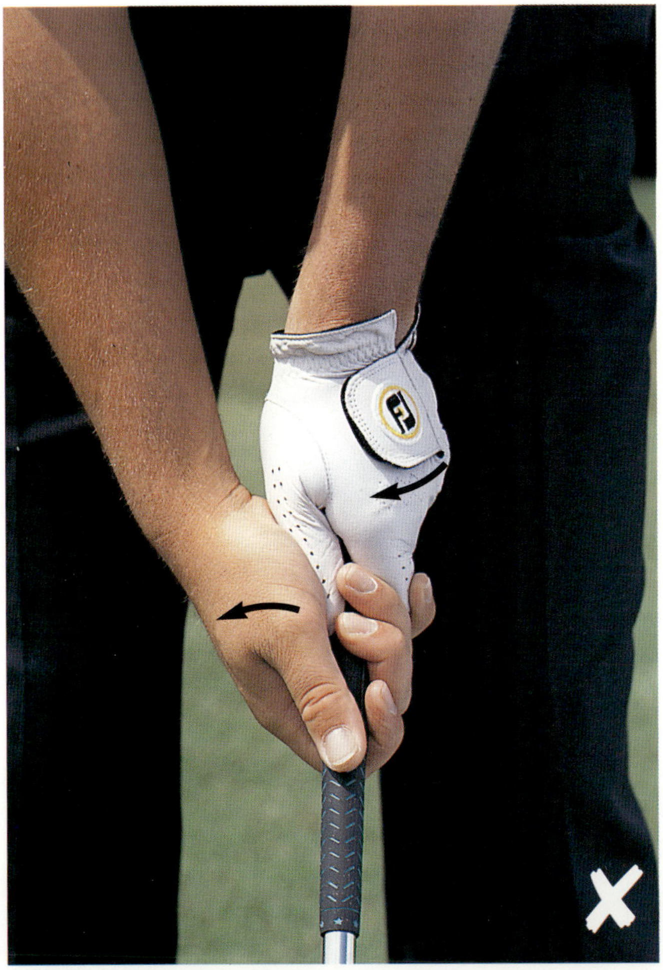

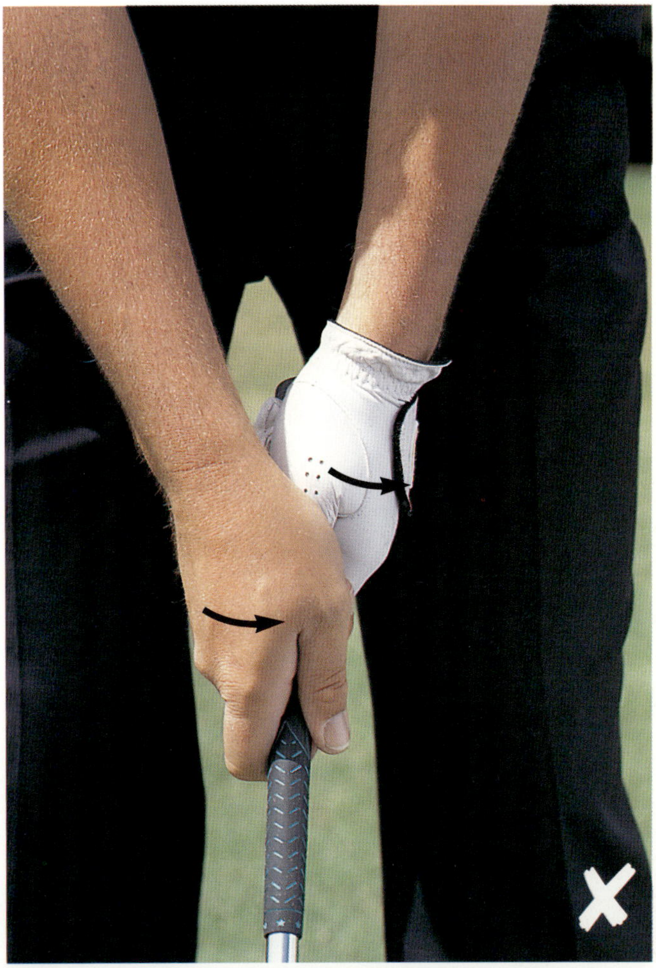

✗ FALSCH ✗

Hier greifen beide Hände falsch (doch wenigstens können sie noch als Einheit agieren): An der linken Hand sind mehr als zweieinhalb Fingerknöchel sichtbar, die rechte Handfläche zeigt nicht zum Ziel.

läufig, er ist nun nach unten gestreckt, die angestrebte Schlägerkontrolle durch Daumen und Zeigefinger geht verloren. Ein »starker« Griff kann auch aus dem Versuch resultieren, den kleinen rechten Finger zu weit über den linken Zeigefinger zu legen. Dadurch rutscht der Schläger zu sehr in die Handfläche hinein. Der Griff mit der »starken« rechten Hand fühlt sich zwar sehr kraftvoll an, doch da sich die Hand im Treffmoment in eine neutrale Position zurückdreht, wird die Schlagfläche nach links verdrehen und den Ball auch dorthin schlagen. Ein solchermaßen falsch erlernter Griff erweist sich später als nur schwer korrigierbar. Weniger häufig tritt der Fehler der zu »schwachen« rechten Hand auf, die dabei zu weit links liegt und somit die linke Hand zu weit überdeckt.

Hierbei zeigt die rechte Handfläche mehr zum Boden. Die Schlagfläche ist im Treffmoment geöffnet, weil sich die Hände während des Rück- und Abschwungs in eine neutrale Position zurückdrehen, wodurch die Schlagfläche im Treffmoment offen ist.

Grifftraining

Jeder Golfschlag, ob nun auf der Driving-Range oder auf dem Platz, ist eine Herausforderung für sich. Gewöhnen Sie sich gar nicht erst an, den Griff beizubehalten, wenn Sie sich beim Üben den nächsten Ball zurechtlegen. Machen Sie es wie auf dem Golfplatz: Lösen Sie die Hände nach einem Schlag vom Schläger und greifen Sie den Schläger neu, wenn Sie den nächsten Schlag machen möchten.

Ein Handschuh aus Leder oder Synthetik, nur links getragen, sorgt für einen besseren Schlägerkontakt. Das dünne Material verhindert jedoch keine Blasen, falls Sie mehr trainieren, als Ihre Haut zuläßt. Bewahren

✗ FALSCH ✗

Die Hände können zwar als Einheit agieren, liegen aber zu weit links, wodurch nur ein Fingerknöchel der linken Hand sichtbar ist und die rechte Handfläche nicht zum Ziel zeigt. Im Treffmoment werden sich beide Hände in die neutrale Position zurückdrehen und die Schlagfläche deshalb geöffnet auf den Ball treffen.

Erst wird mit dem kleinen rechten Finger gegriffen, danach folgen Ring- und Mittelfinger. Beachten Sie, daß der Schläger deutlich mit den Fingern gehalten wird – nicht etwa mit der Handfläche.

Zwischen rechtem Zeige- und Mittelfinger sollte ein Spalt sichtbar sein. Daumen und Zeigefinger verstärken die Kontrolle während des Schwungs. Beide Hände bilden nun eine kompakte Einheit und können gemeinsam agieren.

Sie den Handschuh stets in seiner Originalpackung auf (verhindert Austrocknung) und achten Sie beim Kauf darauf, daß er sehr eng anliegt (weil er sich mit der Zeit etwas dehnt). Warum Sie vom ersten Tag an mit einem Handschuh spielen und trainieren sollten? Weil er auch bei einem nur leichten Griffdruck einen soliden Schlägerkontakt gewährleistet.

Den meisten Golfern bereitet das Üben des korrekten Griffs Schwierigkeiten. Einige werden sogar auf ewig an dieser elementaren Voraussetzung scheitern und daher auch niemals ihr ganzes spielerisches Potential ausschöpfen. Ein korrekter Griff mag sich anfänglich fürchterlich unbequem anfühlen – doch häufige Wiederholungen werden Ihnen gestatten, den Schläger bei jedem Schlag richtig zu greifen, ohne auch nur einen Gedanken darauf verwenden zu müssen. Wiederholen Sie den Griff, wann immer sich die Gelegenheit dazu bietet – nicht nur im Freien, sondern auch zu Hause. Ihr Golflehrer wird Ihnen bestimmt gerne einen Schlägergriff auf einem kurzen Stück Schaft aufziehen, so daß Ihrem Grifftraining niemals und nirgends etwas im Wege steht – nicht einmal während Sie fernsehen. Gehen Sie dabei systematisch vor, ganz wie auf den zurückliegenden Seiten beschrieben. Halten Sie das obere Ende des Schlägers mit der rechten Hand, während Sie mit der linken greifen und dann erst die rechte korrekt zum Schlägergriff bringen. Wiederholen Sie diese drei Schritte solange, bis Sie

Der rechte kleine Finger greift über Zeige- und Mittelfinger, Ring- und Mittelfinger bleiben eng zusammen, während Sie den Schläger greifen. Beachten Sie, daß die Handfläche den Griff noch nicht berührt.

sie instinktiv korrekt ausführen. Bewegen Sie Ihre Finger nicht mehr, wenn Sie den Schläger gegriffen haben, weil Sie sonst Gefahr laufen, daß sich die Hände in eine falsche Position verdrehen.

Beim vollzogenen Griff sind Zeige- und kleiner Finger der rechten Hand etwas gespreizt, lediglich Ring- und Mittelfinger blieben eng zusammen. Der – angewinkelte – Zeigefinger und Daumen verstärken die Kontrolle.

✗ FALSCH ✗
Die linke Hand ist in einer neutralen Position, die rechte zu weit nach links gedreht. Dieser Griffehler ist selten, führt aber zur geöffneten Schlagfläche im Treffmoment, da sich die rechte Hand in ihre neutrale Position zurückdreht.

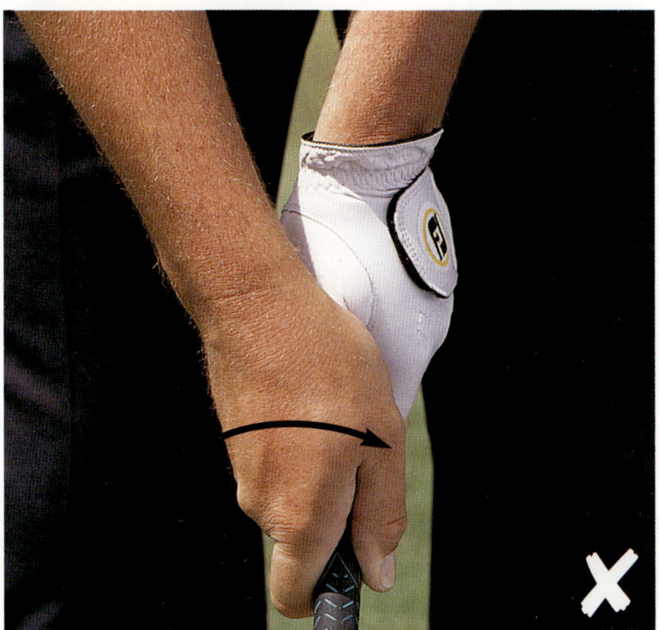

✗ FALSCH ✗
Die linke Hand ist in einer neutralen Position, die rechte zu weit nach rechts gedreht, die Handfläche zeigt nicht zum Ziel. Diese «starke« rechte Hand dreht sich im Treffmoment in ihre neutrale Position zurück und schließt die Schlagfläche.

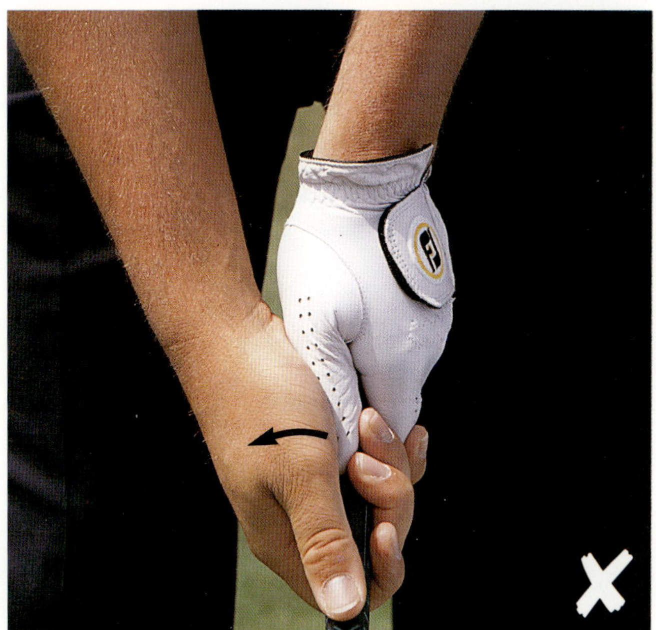

Links: **Heben Sie den Schläger an, um Ihren Griff zu überprüfen. Dabei sollte der ursprünglich gebildete Winkel zwischen Schlägerschaft und Unterarm nicht verändert werden. Alternativ können Sie Ihren Griff auch in einem Spiegel einem Check unterziehen.**

Der Overlapping-, Interlocking- und Baseball-Griff

Wie der Griff korrekt in den Schwung einwirken kann, ist leicht zu verstehen. 1. Die Hände müssen so um den Schlägergriff liegen, daß sie die Schlagfläche kontrollieren und die Flugrichtung des Balles beeinflussen. 2. Die Hände müssen gemeinsam agieren, um Kraft zu übertragen. Das Übergreifen des kleinen rechten Fingers gewährleistet dabei die Geschlossenheit dieser Einheit. 3. Der Griffdruck muß so leicht sein, daß er die freie Bewegung durch den Treffmoment nicht behindert. Hierbei handelt es sich um eine wesentliche Voraussetzung, um Schlägerkopfgeschwindigkeit zu erzeugen. – Die meisten Golfer vertrauen für all dies auf den Overlapping-Griff. Er wird vom ersten Tag an allen Anforderungen gerecht und muß später im Laufe des fortschreitenden Lernprozesses nur kleineren Veränderungen unterzogen werden. Es gibt allerdings zwei weitere Griffformen, die jeweils eine kleine Abweichung vom Overlapping-Griff darstellen. Einige Professionals spielen sehr erfolgreich mit dem Interlocking-Griff. Er kommt insbesondere jenen Spielern zugute, die Schwierigkeiten haben, die Finger der rechten Hand voneinander weg zu spreizen. (Ist meist der Fall, wenn man kleine Hände oder kurze Finger hat.) Beim Interlocking-Griff bleibt die linke Hand in der gleichen Position wie beim Overlapping-Griff. Bevor jedoch die rechte Hand greift, wird der linke Zeigefinger vom Schläger weggestreckt und der rechte kleine Finger zwischen linken Zeige- und Mittelfinger eingehakt. Rechter Mittel- und Ringfinger liegen dann

Checkliste

❍ Der Schläger liegt quer über Finger und Handteller der linken Hand. Bei geschlossener Hand liegt der Daumen eng am Zeigefinger.

❍ Wird der Schläger angehoben, sind zweieinhalb Fingerknöchel der linken Hand sichtbar.

❍ Beim Overlapping-Griff liegt der rechte kleine Finger zwischen linkem Ring- und Mittelfinger. Der rechte Zeigefinger greift, als läge er auf einem Pistolenabzug.

❍ Trainieren Sie das Spreizen der rechten Finger – einzig Mittel- und Ringfinger bleiben eng zusammen.

❍ Bei vollzogener Griffhaltung zeigt die rechte Handfläche zum Ziel, um die Richtung zu kontrollieren.

❍ Der Griffdruck ist konstant leicht. Auf jeden Fall zu vermeiden ist ein »Würgen« des Schlägers.

❍ Trainieren Sie den korrekten Griff, bis er sich bequem und gewohnt anfühlt. Ein falscher Griff kann Ihrem Spiel nur schaden.

❍ Ein hochwertiger Lederhandschuh für die linke Hand stellt eine sinnvolle Investition dar. Er ermöglicht auch bei geringem Griffdruck einen soliden Schlägerkontakt.

Der Overlapping-Griff wird von den meisten Golfern angewandt und sollte auch für den Golfanfänger erste Griffwahl sein. Der rechte kleine Finger greift dabei über den linken Zeigefinger, damit die Hände eine Einheit bilden können.

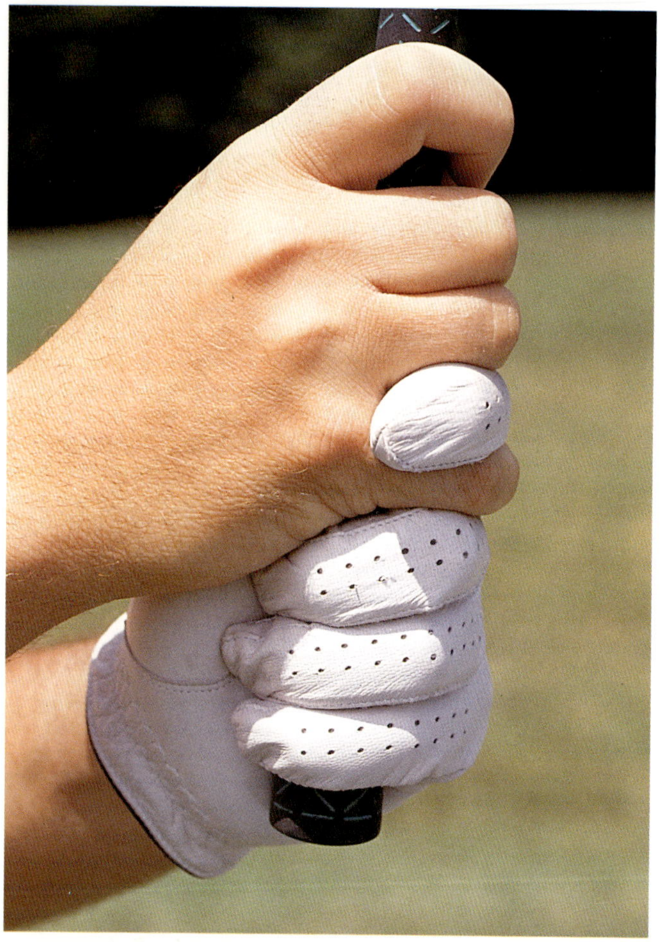

Auch beim Interlocking-Griff sind die Hände fest miteinander verbunden, doch viele Golfer empfinden diesen Griff als unbequem, andere hingegen schwören auf das solide Gefühl der fest miteinander verankerten Hände. Die Hände liegen beim Interlocking- genau wie beim Overlapping-Griff um den Schlägergriff.

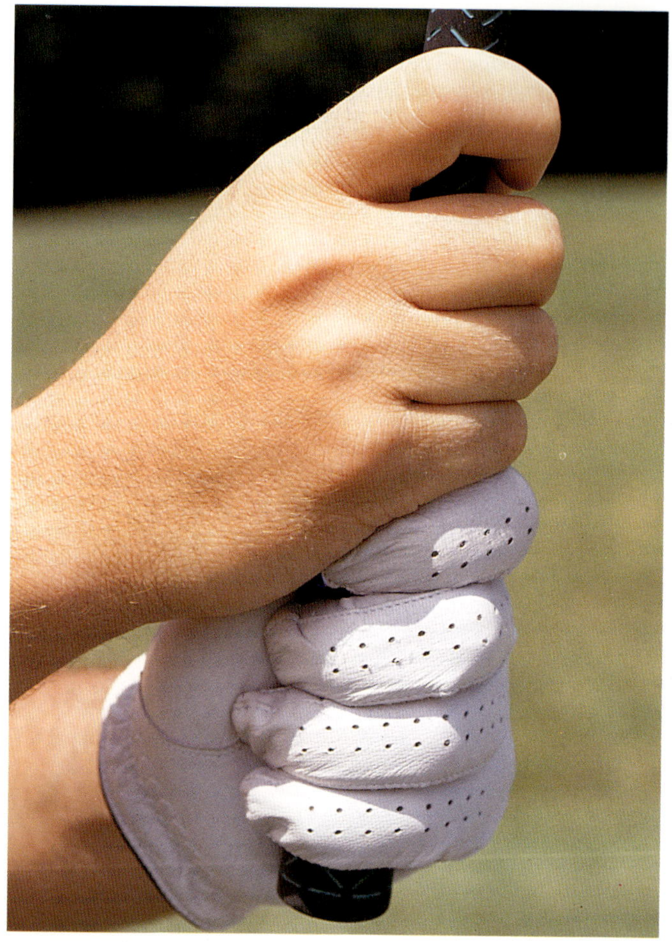

Beim Baseball-Griff gibt es weder ein Übergreifen noch ein Verankern der Finger, trotzdem müssen die Hände zusammen agieren. Wichtig ist, daß der rechte kleine Finger eng am linken Zeigefinger anliegt.

wie gehabt um den Schlägergriff. Wichtig ist dabei, daß die ursprüngliche Overlapping-Griff-Handposition unverändert bleibt. Sie sollten gar von einem Griff zum anderen wechseln können, ohne dabei die Position der Hände zu verändern. Viele Golfer empfinden den Interlocking-Griff als bequemer, was allein seine Anwendung rechtfertigt. Allerdings stelle ich Griffehler weitaus häufiger beim Interlocking- als beim Overlapping-Griff fest (nicht exakt positionierte rechte Hand, zu eng beieinander gehaltene Finger bzw. nicht exakt zum Ziel ausgerichtete Handfläche). Diese Fehler bewirken, daß der Schläger zu sehr in der Handfläche und weniger mit den Fingern gehalten wird, wodurch die Handfläche zu sehr nach oben zeigt und der Daumen zu weit rechts liegt. Die Hand ist dann zu »stark«, was zu einer geschlossenen Schlagfläche im Treffmoment führt. Wer sich für den Interlocking-Griff entscheidet, muß der rechten Hand besondere Aufmerksamkeit schenken, hier insbesondere der Verbindung zwischen rechtem kleinen Finger und linkem Zeigefinger.

Die zweite Grifform ist der sogenannte Baseball-Griff, der häufig bei Golfern mit kleineren Händen, Kindern oder Senioren zu sehen ist, also bei Golfern, die nach etwas mehr Kraft trachten. Für bessere Golfer ist dieser Griff allerdings ungeeignet und sollte auch bei Kindern umgestellt werden, sobald deren Hände größer geworden sind. Die Vorteile des Baseball-Griffs liegen auf der Hand: Er ist leicht erlernbar, fühlt sich bequem an und bewirkt durch den Abstand zwischen den beiden Handgelenken eine größere Hebelwirkung. Doch liegen bei dieser Schlägerhaltung die Hände zu weit voneinander, so daß sie oft gegeneinander statt miteinander agieren. Dies verringert die Schlagflächenkontrolle. Alles in allem stellt der Baseball-Griff lediglich für Jugendliche eine sinnvolle Einstiegsvariante dar, von der allerdings möglichst bald zum Overlapping-Griff gewechselt werden sollte.

Position des Balles

Bei der Ansprechposition gilt es, die Haltung zu finden, mit der am effizientesten geschwungen werden kann. Es ist die Schlagfläche, die auf den Ball trifft und ihm Flugweite und Richtung vorgibt. Doch Sie sind es, der die notwendige Schlägerkopfgeschwindigkeit erzeugt! Korrekte Körperhaltung und richtiger Ballabstand erlauben eine einfache und zugleich effektive Schwungbewegung. Um die Schlagfläche gleichbleibend konstant auf den Ball treffen zu lassen, muß Ihnen Ihre Körperhaltung ermöglichen, befreit durch den Treffmoment hindurch zu schwingen, ohne den Schläger gegen den Ball führen zu müssen. Ein Golfanfänger muß verstehen, daß ihm diese elementaren Voraussetzungen den guten und effektiven Schwung erleichtern.

Beginnen wir mit dem richtigen Abstand zum Ball, ein Teilbereich der Ansprechposition, der am besten in Verbindung zu einer guten Körperhaltung realisierbar ist. Stellen Sie sich mit geschlossenen Füßen vor den Ball. Achten Sie dabei darauf, daß der Oberkörper aus der Hüfte heraus nach vorne gebeugt und Ihr Kinn nach vorne gestreckt ist. Winkeln Sie Ihre Knie etwas an und lassen Sie die Arme natürlich von den Schultern herabhängen. Wenn Ihre Handgelenke nun einen gewissen Winkel zwischen Armen und Schlägerschaft beibehalten, verdeutlicht sich Ihnen der richtige Abstand zum Ball. Um die Übung so einfach wie möglich zu halten, sollten Sie sich zunächst nur auf den Ballabstand bei einem bestimmten Schläger konzentrieren.

Beginnen Sie zunächst mit einem geschlossenen Stand. Überprüfen Sie mit Hilfe eines Spiegels, ob der Ball genau auf Höhe der Standmitte liegt.

Jeder Standard-Golfschlag beginnt so: Der linke Fuß wird um 10 Zentimeter nach links versetzt und gleichzeitig um 20 Grad nach außen gedreht.

Später wird es dann relativ einfach sein, diesen Abstand längeren und kürzeren Schlägern anzupassen. Bei einem Eisen 6 sind die Hände einerseits etwa 20 Zentimeter vor dem linken Oberschenkel und andererseits etwas oberhalb der Kniehöhe. Sie müssen diesen Abstand nicht

Der rechte Fuß indes wird um 20 Zentimeter nach rechts versetzt und ebenfalls um 20 Grad nach außen gedreht. Dieser etwa schulterbreite Stand gewährleistet eine maximale Stabilität. (Unser Bild zeigt die Ansprechposition mit dem Eisen 6.)

✗ FALSCH ✗
Oft wird der Ball im Stand zu weit links, sprich vorne, plaziert. Zum einen wird der Schlägerkopf im Treffmoment nicht an dieser Stelle den tiefsten Schwungpunkt erreichen. Zum anderen wird dabei der Oberkörper nach vorne geneigt, wodurch die Schultern links des Ziels ausgerichtet sind.

nachmessen – da jeder Mensch anders gebaut ist, kann es sich dabei nur um Anhaltspunkte handeln. Entscheidend ist, daß sich die Körperhaltung bequem anfühlt.
Abraten möchte ich an dieser Stelle von einer bei Anfängern beliebten Angewohnheit. Es bringt nichts, den

✗ FALSCH ✗
Manchmal wird der Ball auch zu weit hinten im Stand plaziert. Dadurch ist der Oberkörper rechts des Ziels ausgerichtet, der Schlägerkopf trifft in der Abwärtsbewegung zu früh auf den Ball.

✗ FALSCH ✗
Steht der Spieler zu nahe am Ball, sind Oberkörper zu aufrecht und Hände zu nah am linken Oberschenkel. Die Arme haben dann nicht genug Platz, um befreit durch den Treffmoment zu schwingen.

✗ FALSCH ✗
Wenn der Kopf bewußt unten gehalten wird, ist oft diese äußerst schlechte Ansprechhaltung das Ergebnis. Da der Ball dann sehr weit vom Spieler entfernt liegt, muß der Oberkörper sehr weit nach vorne gebeugt werden. Es wird kaum noch möglich sein, während des Schwungs das Gleichgewicht zu halten.

Schäger loszulassen und gegen das linke Bein fallenzulassen, um die Entfernung zum Ball abzumessen. Denn so verändern Sie alle bis dahin eingenommenen Positionen, insbesondere Ihre Körperhaltung.

Vertrauen Sie auf das, was sich natürlich und bequem anfühlt – die richtige Entfernung zum Ball wird Ihnen vom Gefühl und nicht durchs Abmessen gelehrt. Wenn bei der Ballansprache die Oberarme leicht die Brust berühren, sind Sie schon vor einem der häufigsten Fehler gefeit: dem zu weit vom Ball entfernten Stand.

Wenn Sie den korrekten Abstand zum Ball festgelegt haben, können Sie sich auf die Ballposition konzentrieren. Er liegt genau vor Ihren Augen, gegenüber Ihren Füßen. Beginnen Sie die Ballansprache mit geschlossenen Füßen, wobei der Ball gegenüber der Standmitte liegt. Versetzen Sie dann den linken Fuß um 10 Zentimeter nach links und den rechten um 20 Zentimeter nach rechts, wobei Sie beide Fußspitzen um jeweils 20 Grad nach außen drehen. Vergewissern Sie sich, daß Ihr Körpergewicht nicht nur gleichmäßig auf beide Füße, sondern auch gleichmäßig zwischen Ferse und Zehen aufgeteilt ist. Um beim Golfschwung kontrolliert Kraft entfalten zu können, sind Gleichgewicht und Stabilität notwendig.

Checkliste

❍ Die Position des Golfballes entspricht der Kombination aus Abstand des Körpers zum Ball und der Position des Balles im Verhältnis zu den Füßen.

❍ Bei vollendeter Ansprechposition ist zu überprüfen, ob die linke Hand etwa 20 Zentimeter vor dem linken Oberschenkel ist.

❍ Bei einem korrekten Abstand zum Ball berühren die Oberarme leicht die Brust.

❍ Gewöhnen Sie sich an, den Stand zunächst mit geschlossenen Füßen einzunehmen. Danach versetzen Sie den linken Fuß um 10 und den rechten Fuß um 20 Zentimeter nach außen.

❍ Drehen Sie beide Füße um etwa 20 Grad nach außen. Dies gewährleistet eine größere Stabilität.

❍ Verinnerlichen Sie sich, wie – aus Ihrer Perspektive heraus – die perfekte Ballposition aussieht.

Ausrichtung des Körpers

Um den Golfball gerade zu schlagen, muß die Schlagfläche rechtwinklig und der Körper parallel zur Ball-Ziel-Linie ausgerichtet sein. Golflehrer bedienen sich oft des Vergleichs mit einem Bahngleis, bei dem die eine Schiene die Ausrichtung des Körpers und die andere die Ball-Ziel-Linie darstellt. Es ist äußerst schwierig, Schultern, Hüften, Knie und Füße beständig zur Ball-Ziel-Linie auszurichten, weil dabei zwei Problemkreise ins Spiel treten: 1. Weil man bei den meisten Ballspielen dem Ziel frontal gegenüber steht, stört es viele Sportler, daß im Golf der Körper im 90-Grad-Winkel zum Ziel ausgerichtet werden muß. 2. Die rechte Schulter liegt im Vergleich zur linken etwas tiefer. Dies ist zwar erklärbar (die rechte Hand greift ja auch unterhalb der linken den Schläger), trotzdem ist aber auch diese Position für viele Sportler gewöhnungsbedürftig. Insbesondere der Anfänger empfindet es häufig als unnatürlich, die rechte Schulter niedriger zu halten und wird unbewußt versuchen, den Schultergürtel waagrecht zu halten.

✓ RICHTIG ✓

Eine gute Körperausrichtung beginnt mit der im rechten Winkel zur Ball-Ziel-Linie ausgerichteten Schlagfläche. Füße, Knie, Hüfte und Schultern stehen parallel zur Ball-Ziel-Linie. Beste Voraussetzung, um den Ball konstant und gerade zu schlagen!

Dadurch wird die rechte Schulter wieder dem Ziel zugeneigt, während die gesamte Ausrichtung des Oberkörpers nach links verlaufen wird. – In ganz seltenen Fällen richtet der Anfänger die rechte Schulter auch rechts des Ziels aus. Dies geschieht, wenn die rechte Schulter zu tief liegt. Es gilt, den ganzen Körper parallel zur Ball-Ziel-Linie auszurichten. Bitten Sie daher einen Freund, Ihre Körper- und Schulterausrichtung mit Hilfe eines Schlägers zu überprüfen. Nach dem Einnehmen der Ansprechposition müssen Sie das Gefühl haben, daß beim Drehen des Kopfes nach links die linke Schulter Ihre Sicht mehr behindert als die rechte, wenn Sie den Kopf nach rechts wenden. Sie können die Schulterausrichtung auch selbst überprüfen. Hierfür halten Sie, ohne die Ansprechhaltung zu verändern, einen Schläger gegen die Schultern. Nach einer Weile wer-

Checkliste

- ❍ Die Schlagfläche zeigt zum Ziel. Schultern, Hüfte, Knie und Füße zeigen zu einem Punkt links des Ziels.
- ❍ Die rechte Schulter liegt tiefer als die linke. Dies vermittelt oft den Eindruck, sie sei nach rechts ausgerichtet.
- ❍ Entscheidend ist, daß die Schultern parallel zur Ball-Ziel-Linie ausgerichtet sind. Hüfte und Füße passen sich dem zumeist ganz automatisch an.
- ❍ Der Schlüssel zu einer guten Ausrichtung liegt in den Schultern. Bitten Sie daher einen Freund, deren Ausrichtung mit Hilfe eines Schlägers zu überprüfen.
- ❍ Wenn Sie den Kopf zum Ziel drehen, müssen Sie das Gefühl haben, etwas über Ihre linke Schulter zu blicken.

✗ FALSCH ✗
Links: **Die Schultern zeigen links vom Ziel, wodurch auch Hüfte, Knie und Füße in diese Richtung verschoben werden. Während des Schwungs ist nun eine Ausgleichsbewegung erforderlich, um den Ball dennoch zum Ziel zu schlagen.**

✗ FALSCH ✗
Rechts: **Schultern, Hüfte, Knie und Füße zeigen deutlich rechts vom Ziel. Dies geschieht meistens, weil zuvor die Schlagfläche dorthin ausgerichtet wurde. Aus dieser Körperhaltung heraus wird es kaum möglich sein, den Ball zum Ziel zu schlagen.**

den Sie regelmäßig die korrekte Position finden, ohne groß darüber nachdenken zu müssen. Ausreichendes Training vorausgesetzt, wird sie nicht nur intuitiv vollzogen, sondern sich auch natürlich anfühlen. Denken Sie daran: Die Körperausrichtung hat maßgeblichen Einfluß auf Schwungrichtung, -ebene und -radius.

Körperhaltung

Wenn Sie die »Vor dem Schwung«-Prinzipien bislang konsequent befolgen, haben Sie bereits eine gute Körperhaltung. Sie wissen, wie der Schläger korrekt gehalten wird, daß die Arme natürlich von den Schultern herabhängen müssen, während der Oberkörper nach vorne gebeugt, das Gesäß herausgestreckt und die Knie leicht gebeugt sind. Überprüfen Sie diese Haltung noch einmal, ehe wir zum Erlernen der Schwungbewegung kommen.

✗ FALSCH ✗
Sie sehen hier eine schlechte Körperhaltung, die durch ein Herausstrecken des Gesäßes leicht korrigierbar wäre. Dann könnten die Arme wieder frei von den Schultern herabhängen. So aber müssen die Handgelenke nach oben gedrückt werden, wodurch sie im weiteren Schwungverlauf nicht natürlich abwinkeln können.

Die Ansprechhaltung spielt eine bedeutende Rolle für einen einerseits möglichst einfachen, andererseits möglichst effizienten Schwung. Dieser erfolgt um die Neigung des Rückgrats, ein Winkel, um den sich die Schultern um 90 Grad drehen. Stimmt der Winkel schon in der Ansprechposition nicht, müssen Sie kompensierend auf die Schwungbewegung einwirken, was unbeständige Schläge mit sich bringen wird. Die Bedeutung der Körperhaltung wird oft unterbewertet, was schon daran erkennbar ist, daß viele Golfer falsch vor dem Ball stehen.
Dabei ist es im Grunde nicht weiter schwierig: Beugen Sie den Oberkörper – aus der Hüfte, nicht aus dem Bauch heraus – nach vorne. Das Kinn ist – weg von der Brust – nach oben gestreckt. In diesem Zusammenhang möchte ich mit einem Irrglauben aufräumen: Sie müssen den

✗ FALSCH ✗
Dies ist eine nahezu perfekte Körperhaltung, bei der einzig der Winkel des Oberkörpers nicht stimmt. Der Kopf wird zu weit nach unten gehalten und behindert daher die Schultern während des Rückschwungs. Viele Golfer stehen so vor dem Ball, weil sie krampfhaft versuchen, den Kopf unten zu halten.

✗ FALSCH ✗
Diese Körperhaltung wäre gut, wenn der Spieler seine Knie etwas abwinkeln würde. Der Stand mit gestreckten Beinen ist nicht nur unbequem, sondern bewirkt auch eine unnötige Anspannung der Muskulatur. Ein ausbalancierter Schwung ist aus dieser Ansprechhaltung heraus unmöglich.

Kopf nicht unten halten, um erfolgreiches Golf zu spielen – ganz im Gegenteil! Ein leicht angehobener Kopf kann nur von Vorteil sein. Auch Ihre Brust sollte eher etwas nach oben statt zum Boden zeigen. Diese höhere Kopfhaltung ermöglicht den Schultern eine freie Drehung. Vergessen Sie also die »Halt den Kopf unten«-Weisheit. Sie führt nur dazu, daß Sie den Kopf gegen die Brust drücken, im Schwung verkrampfen und den Ball entsprechend schlecht treffen. Achten Sie vielmehr darauf, daß Ihr Gewicht auf Ihre ganze Fußsohle verteilt ist. Und bilden Sie ein leichtes Hohlkreuz, auch das verhilft Ihnen zu einer besseren Schwungbewegung. Bei einem korrekten Winkel des Rückgrats können Ihre Arme natürlich von den Schultern herabhängen. Der häufigste und wohl auch schlimmste Fehler besteht darin, den Oberkörper nicht ausreichend aus der Hüfte heraus zu beugen. Dadurch steht man zu aufrecht und hebt die Handgelenke an, eine Haltung, die die Bewegungsfreiheit einschränkt. So wird es Ihnen niemals gelingen, den Ball konstant und mit viel Schlägerkopfgeschwindigkeit zu schlagen.

Checkliste

❍ Die Körperhaltung ist wichtig, weil sie den gesamten Schwungverlauf beeinflußt.

❍ Der Oberkörper beugt sich aus den Hüften heraus nach vorne. Die Knie sind leicht angewinkelt.

❍ Der Kopf wird hoch gehalten und nicht an die Brust gepreßt.

❍ Die Arme hängen natürlich von den Schultern herab und bilden mit dem Schlägerschaft einen Winkel.

❍ Bei der korrekten Körperhaltung ist das Gewicht gleichmäßig auf die ganze Fußsohle verteilt.

Der Schwungaufbau

Die vielversprechendste Methode ist die, mit einem Minischwung zu beginnen. Lernen Sie zunächst den halben Schwung, auf dem Sie dann schrittweise bis zur vollständigen Schwungbewegung aufbauen. Der Grund hierfür ist einleuchtend! Jeder Golfer ist mehr oder minder von seiner Hand-Augen-Koordination abhängig. Darunter versteht man, den vor sich liegenden Ball zu sehen und ihn konstant mit dem Schlägerkopf zu treffen. Den meisten Menschen bereitet dies keine Probleme, allerdings gibt es auch weniger sportlich veranlagte, die dies erst lernen müssen. Wenn Sie nicht in der glücklichen Lage sind, durch Tennis, Squash oder eine andere Ballsportart schon eine gewisse Hand-Augen-Koordination entwickelt zu haben, müssen Sie dies in einigen Golf-Trainingseinheiten nachholen. Würden Sie dabei sofort mit dem vollen Schwung beginnen, hätten Sie eine schwierige Aufgabenstellung vor sich. Die entsprechend häufigen Fehlschläge würden nur Ihrer Motivation schaden! Geben Sie sich nicht dem Irrglauben hin, das Erlernen des Golfspiels sei mit einer ständig steigenden Erfolgskurve verbunden! Vielmehr werden Sie viele Rückschläge hinnehmen müssen ... Doch wenn Sie sich an die fundamentalen Schwungaspekte halten und im Zweifelsfalle auf den Minischwung zurückgreifen können, werden Sie schneller Fortschritte erzielen und auch an schlechteren Tagen den Schaden in Grenzen halten können. Außerdem verlangt der volle Schwung nach Rhythmus, wohinter sich eine flüssige Bewegung verbirgt. Diesem Endziel werden wir uns Teilbereich für Teilbereich nähern. Am Schluß werden wir alle Teilbereiche zusammenfügen, was dann den vollen Schwung ergeben wird. Zunächst aber gilt es, jeden Teilbereich ganz genau zu betrachten – und zu fühlen. Auf diese Weise bauen Sie schon in kurzer Zeit ein Muskelgedächtnis auf, mittels dessen Ihre Gedanken frei für den nächsten Teilbereich werden. Setzen Sie sich bitte zeitlich realistische Ziele! Der Schwung an sich dauert nur wenige Sekunden – es ist daher unmöglich, auf alle hineinspielenden Aspekte gleichzeitig einzugehen. Die menschliche Lernfähigkeit ist nicht unbeschränkt, konzentrieren Sie sich daher stets nur auf einen, im Höchstfall auf zwei Gedanken. Während des Trainings sollten jedem Schlag sehr viele Probeschwünge vorausgehen. Dies ist sinnvoller, als einen Ball nach dem anderen zu schlagen. Ihren Fortschritten steht nichts im Wege, wenn Sie einfache Schwungkonzepte vor Augen haben, positiv denken und sich auf das konzentrieren, was zu tun ist. (Niemals auf das, was nicht zu tun ist!) Am effizientesten lernt man noch immer mit einer guten Einstellung!

Links: Beim Dreiviertel-Schwung ins Finish liegt der Schaft horizontal über den Schultern. Hüften und Schultern sind ganz dem Ziel zugeneigt, das Gewicht ruht hauptsächlich auf der linken Körperseite.

Der halbe Schwung

Dank einer korrekten Ansprechposition sind nun alle Voraussetzungen geschaffen, um das Erlernen des Schwungs so einfach wie möglich zu gestalten. Sie stehen übrigens nicht bewegungslos vor dem Ball! Versuchen Sie, etwas mit dem Schlägerkopf zu schlenkern, dadurch bereiten Sie Ihre Muskeln wirkungsvoll auf den Schwungbeginn vor.

Mit der ersten Bewegung führen wir den Schlägerkopf vom Ball weg und leiten somit den Rückschwung ein. Diese Bewegung wird durch eine Schulterdrehung ausgelöst, eine Rotation, der die Hüften folgen werden. Die Arme werden den Schlägerkopf auf einem leichten Bogen um den Körper herum schwingen. Geben Sie sich dem Gefühl hin, daß Ihre rechte Schulter nach hinten dreht. (Vielen Golfern gelingt dies leichter, als sich auf das Gefühl zu konzentrieren, wie die linke Schulter zum Kinn gelangt.) Ich möchte hier noch einmal die Drehung der Schultern betonen, bei der der Winkel des Rückgrats nicht verändert wird. Der Schlägerkopf bewegt sich innerhalb der verlängerten Ball-Ziel-Linie zurück. Versuchen Sie nicht, den Schlägerkopf gerade zurückzuführen, lassen Sie ihn vielmehr – leicht kreisförmig – der Körperdrehung folgen. Halten Sie an, wenn der Schläger die 8-Uhr-Position erreicht hat, also bevor der Schaft parallel zum Boden liegt. Arme und Handgelenke sind noch immer in der gleichen Position wie in der Ansprechhaltung, der Schläger wurde einzig durch die Oberkörperdrehung zurückgeführt.

Setzen Sie die Bewegung aus den Schultern fort, bis der Schläger die 9-Uhr-Position erreicht (der Schaft liegt jetzt parallel zum Boden). Die Handgelenke beginnen nun, etwas abzuwinkeln, der rechte Ellbogen zeigt daher zur rechten Hüfte. Der linke Arm bleibt gestreckt, der rechte

Ellbogen indes winkelt mit den Handgelenken ab. Bei Tennisspielern wird das Abwinkeln des rechten Handgelenks zur Einleitung einer kraftvollen Schlagbewegung vertraute Erinnerungen wachrufen. Vermeiden Sie als Golfer eine drehende Bewegung der Handgelenke!

Auf halbem Weg des Rückschwungs, am höchsten Punkt des Minischwungs, sind folgende Punkte leicht überprüfbar: 1. Die Schultern haben sich um etwa 40 Grad und die Hüfte um etwa 20 Grad gedreht, das rechte Knie ist nun etwas gestreckter. Das linke Knie hat sich etwas zum Ball hin bewegt und ist etwas abgewinkelter als in der Ansprechposition. Halten Sie die linke Ferse fest am Boden, Sie »neutralisieren« dadurch Ihren Unterkörper, der Widerstand zur Drehbewegung des Oberkörpers leisten kann. Der Schlägerschaft verläuft in der 9-Uhr-Position parallel zur Ball-Ziel-Linie. Wenn Sie sich weiterhin um den Schlägerkopf herum ein Zifferblatt vorstellen, so zeigt die Führungskante der Schlagfläche (»Leading edge«) auf 11.30 Uhr (und nicht senkrecht nach oben!).

Die erste Bewegung des Rückschwungs bringt den Schläger durch eine Kombination von Schulterdrehung und Armschwung in die 8-Uhr-Position. Die Handgelenke sind noch gar nicht, der Ellbogen nur etwas abgewinkelt. Möglicherweise spüren Sie, daß sich Ihr Gewicht etwas auf das rechte Bein verlagert hat.

Checkliste

❍ In der 8-Uhr-Position haben sich die Arme mit der Körperbewegung mitbewegt, die Handgelenke sind noch nicht abgewinkelt.

❍ Liegt der Schlägerschaft parallel zum Boden, bleibt der linke Arm gerade, während der rechte etwas zur Hüfte hin abwinkelt.

❍ Der Schaft sollte parallel zur Ziellinie verlaufen. Die Führungskante der Schlagfläche zeigt auf einem imaginären Zifferblatt zur 11.30-Uhr-Position.

❍ Zur Hälfte des Rückschwungs haben sich die Schultern um 40 Grad nach rechts gedreht.

❍ Unterbrechen Sie niemals den Schwung im Treffmoment, sondern schwingen Sie immer bis zur 4-Uhr-Position. Vermeiden Sie dabei jeglichen Einsatz der Handgelenke, drehen Sie aus den Schultern und lassen Sie die Arme der Bewegung folgen.

❍ Auch bei einem Minischwung erfolgt eine Gewichtsverlagerung. Das rechte Knie zeigt im Durchschwung zum Ziel, die rechte Ferse hat sich etwas vom Boden gelöst.

Leiten wir nun die Bewegung in die entgegengesetzte Richtung ein, also durch die Ausgangsposition hindurch zur 4-Uhr-Stellung. Halten Sie an, bevor der Schläger wieder parallel zum Boden liegt. Im Verhältnis zum Rückschwung sind Sie nun in der Spiegelbildposition. Überprüfen Sie, ob Ihre linke Schulter etwas zum Ziel gedreht hat und ob die Arme bei einer nur leichten muskulären Anspannung gestreckt geblieben sind. Der Schläger hat sich – bedingt durch die Oberkörperdrehung – auf einem imaginären Kreis um den Körper herum bewegt. In dieser Phase spü-

Durch die Schulterdrehung hat sich der Schlägerkopf kreisförmig etwas vom Ausgangspunkt weg bewegt. Das rechte Bein hat sich etwas gestreckt, das linke etwas gebeugt.

✓ RICHTIG ✓
Auf halbem Rückschwungweg ist zu überprüfen, ob sich die Schultern um 40 und die Hüften um 20 Grad gedreht haben

✓ RICHTIG ✓
In dieser Schwungphase kontrolliert der linke Arm den Schwungradius. Der rechte Ellbogen hat sich zur rechten Hüfte hin abgewinkelt.

ren Sie, daß sich die rechte Ferse vom Boden lösen möchte, womit wir beim wesentlichen Unterschied zwischen der 8-Uhr-Rückschwung- und 4-Uhr-Durchschwungposition sind. Wenn Sie nun den Schläger weiter in die 3-Uhr-Position bringen, in der der Schaft parallel zum Boden liegen wird, hebt sich die Ferse mehr und mehr an. Es folgt ein wichtiger Bestandteil des vollen Schwungs: Die aus der korrekten Unterkörperbewegung resultierende Gewichtsverlagerung. Zur Hälfte des Durchschwungs sind Schultern und Hüfte um etwa 60 Grad gen Ziel gedreht, das linke Bein beginnt sich zu strecken und das angewinkeltere

✗ FALSCH ✗
Bei einem korrekten Rückschwung bleiben die Ellbogen eng beisammen. Hier hat sich der rechte Ellbogen weit von der Hüfte weg bewegt. Deshalb zeigt die »geschlossene« Schlagfläche deutlicher zum Boden als erlaubt.

rechte Knie hat sich nach links bewegt. Der Schlägerschaft verläuft nun wieder parallel zur Ball-Ziel-Linie, die Führungskante der Schlagfläche steht auf dem imaginären Zifferblatt erneut auf 11.30 Uhr. Ich muß betonen, daß der rechte Arm nun gestreckt ist, während der linke nach innen zur Hüfte abgewinkelt ist.

Sollten Sie glauben, daß der linke Arm im Durchschwung gerade bleiben muß, so vergegenwärtigen Sie sich bitte, daß der Schwung auf beiden Seiten spiegelbildlich verläuft. Der linke Arm muß somit im Durchschwung ebenso abwinkeln wie der rechte im Rückschwung. Desweite-

✗ FALSCH ✗
Die Hände haben sich im Rückschwung zu sehr gedreht, der rechte Ellbogen liegt nun zu nah am Körper an, und die Schlagfläche ist zu sehr geöffnet.

ren ist das Wort »gerade« nicht zu wörtlich zu nehmen, weil sonst die Bewegungsfreiheit nur unnötig eingeschränkt wird. Es geht also nicht darum, den linken Arm bewußt durchzustrecken.

Unterbrechen Sie Ihre Bewegung auch niemals im Treffmoment – auch nicht, um eine Position zu überprüfen. Sie schwingen immer durch den Treffmoment hindurch, niemals nur zum Ball! Dieser Punkt wird später noch sehr bedeutsam für eine freie, flüssige Bewegung. Denken Sie daran: Man schlägt keinen Golfball, sondern man schwingt durch ihn hindurch, ganz so, als wolle man ihn wegfegen. Beachten Sie auch die

Die neutrale Schlagfläche

Gutes Golf hängt weitgehend davon ab, wie gut Sie die Schlagfläche während des Schwungs kontrollieren. Es heißt zwar immer wieder, daß die Spitze des Schlägerkopfes nach oben zeigen sollte, wenn der Schläger parallel zum Boden steht. Doch diese Aussage ist aus technischer Sicht falsch! Nur ein übertriebenes Drehen der Hände kann die Schlägerkopfspitze zum Himmel richten, so daß im Gegenzug ein übertriebener Handgelenkeinsatz im Treffmoment folgen muß. Das Ergebnis sind unbeständige Schläge. Bei einer korrekten Körperhaltung zeigt die Führungskante der Schlagfläche auf die 11.30-Uhr-Stellung, die Handgelenke sind ein wenig abgewinkelt und die Hände haben nicht gedreht. – Die Methode mit dem imaginären Zifferblatt ist die beste, um diese Stellung zu überprüfen.
Man könnte bei dieser Schlägerblattposition von »square« sprechen. Ich jedoch bevorzuge die Bezeichnung »neutral«.

✓ RICHTIG ✓
Zur Hälfte des Rückschwungs ist die Stellung der Schlagfläche zu überprüfen. Die Führungskante steht in der 11.30-Uhr-Stellung. Diese square bzw. neutrale Position verlangt nach einem leichten Abwinkeln der Handgelenke.

✗ FALSCH ✗
Der linke Handrücken sollte nach vorne zeigen, zeigt hier aber zum Boden. Die Schlagfläche ist »geschlossen«, die Führungskante steht in der 10-Uhr-Stellung. Das Ergebnis sind zumeist nach links verzogene Schläge.

✗ FALSCH ✗
Hier wurden die Hände während des Rückschwungs zu stark gedreht, wodurch die Führungskante nun zur 12.30-Uhr-Stellung zeigt. Das Ergebnis sind nach rechts verzogene Schläge; eine Kontrolle der Schlagfläche ist höchst unwahrscheinlich.

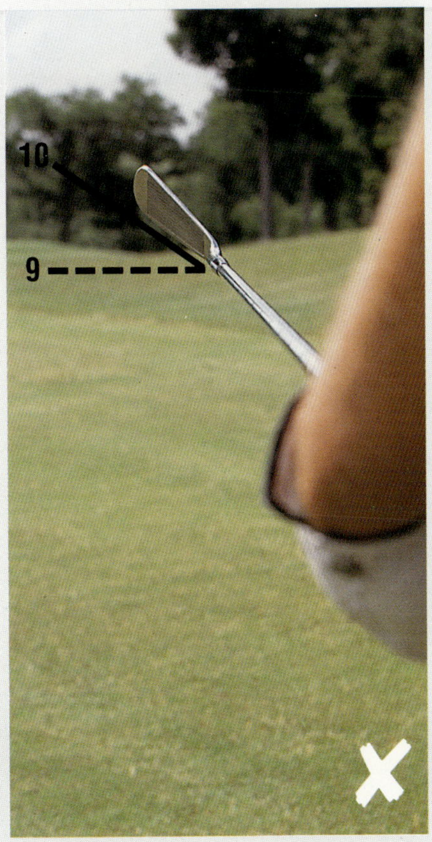

✓ RICHTIG ✓

Links und unten: Der Schläger zeigt zur 4-Uhr-Stellung, der Oberkörper hat sich um die Ausgangsposition gedreht, die Handgelenke sind noch nicht abgewinkelt. Beachten Sie, daß das Gewicht nach links verlagert wurde, wodurch sich die rechte Ferse vom Boden gelöst hat. Mit Ausnahme des rechten Knies und des rechten Fußes handelt es sich um das Spiegelbild der Rückschwungposition.

Bewegung Ihrer rechten Hand. Im Rückschwung winkelt das Handgelenk ab, durch den Treffmoment dreht es nach links. Es bedarf vieler Probeschwünge, ehe Sie sich mit all diesen Schwungphasen vertraut gemacht haben. Behalten Sie den Boden im Auge und lernen Sie das Gras zu streifen, während der Schläger durch den Ball schwingt. Leiten Sie den Rückschwung langsam ein und beschleunigen Sie im Ab-

✓ **RICHTIG** ✓

Links: **Sie sehen hier die ideale 3-Uhr-Position auf halbem Durchschwung. Die Schultern haben sich schon halb zum Ziel gedreht, das Gewicht liegt deutlich auf der linken Seite und der rechte Arm hat sich gestreckt, um den vollen Schwungradius zu erhalten. Der linke Arm ist etwas nach unten abgewinkelt.**

✓ **RICHTIG** ✓

Unten: **Aus dieser Perspektive läßt sich erkennen, daß die Führungskante der Schlagfläche zur 11.30-Uhr-Position zeigt. Schultern und Hüfte haben sich zum Ziel gedreht, das Gewicht hat sich in Richtung Ziel verlagert. Der rechte Fuß hat sich halb vom Boden gelöst.**

schwung. So lernen Sie, nach dem Richtungswechsel die Geschwindigkeit kontinuierlich zu steigern – Voraussetzung für einen guten Rhythmus und ein gutes Tempo. Zu guter Letzt wiederholen Sie den gesamten Bewegungsablauf mit einem Ball. Anfänger sollten ihn dabei aufteen, um mehr Selbstvertrauen zu entwickeln. Akzeptieren Sie, daß nicht alle Schläge gelingen werden. Die meisten jedoch werden etwa 50 Me-

✗ FALSCH ✗

Links: Eine falsche Position auf halbem Durchschwung – der linke Arm blieb zu gerade und hat den Oberkörper zu früh herumgezogen. Eigentlich müßten Schultern und Hüfte etwas zum Ziel zeigen, aber nicht so viel, wie auf dieser Abbildung.

✗ FALSCH ✗

Unten: Bleibt der linke Arm im Durchschwung zu lange gerade, behindert er das korrekte Abwinkeln der Handgelenke. Die Schlagfläche bleibt «offen«, wodurch die Führungskante der Schlagfläche in der 1-Uhr-Stellung steht.

ter weit in Richtung Ziel fliegen. Der Erfolg hängt davon ab, wie konsequent Sie das bislang Erlernte berücksichtigt haben. Überprüfen Sie vor jedem Schlag die verschiedenen Schwungpositionen. Sie müssen wissen, wie der Minischwung aussieht und wie er sich in seinen verschiedenen Schwungphasen anfühlt.

Es wird schwierig sein, der Versuchung zu widerstehen, den Schwungradius zu vergrößern, denn schon ein

✗ FALSCH ✗

Links: **Zur Hälfte des Durchschwungs hat die rechte Hand zu stark über die linke gedreht. Der linke Ellbogen hat zu früh abgewinkelt. Die Schlagfläche ist sehr »geschlossen« und zeigt zum Boden.**

✗ FALSCH ✗

Unten: **Von hinten betrachtet, hat sich der rechte Arm korrekt gestreckt, die Hände aber zu stark gedreht. Dadurch zeigt die Schlagfläche auf »10 Uhr« statt »11.30 Uhr«. Das Ergebnis werden nach links verzogene Schläge sein.**

Rückschwung bis zur 10-Uhr-Position wird Ihnen eine weitaus größere Beschleunigung des Schlägerkopfes ermöglichen. Geben Sie dem Drang trotzdem nicht nach!

Die Kontrolle der Schlagfläche

Den in diesem Kapitel beschriebenen Golfschwung bezeichne ich als Modellschwung. Er umfaßt eine Reihe von Einzelpositionen, die später aneinandergereiht wiederholt und kontrolliert werden können. Der Modellschwung sollte die Basis Ihres Erlernens bilden. Da jedoch jeder Mensch ein Individuum ist, bewahrt der Modellschwung auch einen kleinen Spielraum für geringfügige technische Abweichungen, von denen sich einige erst mit zunehmendem Fortschritt entwickeln werden. Dieses Buch eignet sich insbesondere für Anfänger und Golfer mittlerer Spielstärke, die in der auf den kommenden Seiten beschriebenen Schlagflächenkontrolle ein Standardkriterium sehen. Allerdings ist diese nicht für jeden Golfer nachvollziehbar. Ein voller Golfschwung umfaßt viele Einzelpositionen, innerhalb derer – selbst bei fortgeschrittenen Spielern – gewisse Abweichungen auftreten werden. Betrachten Sie beispielsweise das Foto eines Tourspielers. Es wird Ihnen auffallen, daß die Führungskante seines Schlägers auf halbem Durchschwung möglicherweise gerade nach oben oder zur 12.30-Uhr-Stellung zeigt, und nicht, wie von mir vorgeschlagen, auf die 11.30-Uhr-Stellung. Auch auf halbem Weg des Rückschwungs wird die Schlagfläche, spiegelbildlich gesehen, in der gleichen Position sein. Dies hängt vom Arm- und Handgelenkeinsatz ab, die während des Treffmoments die Schlagfläche kontrollieren. Anfänger und Spieler mit höheren Vorgaben sollten dem Einsatz der Handgelenke besondere Aufmerksamkeit zukommen lassen und daran arbeiten, im Treffmoment die rechte Hand über die linke zu drehen. Dadurch trifft die Schlagfläche square oder leicht geschlossen auf den Ball, was einen geraden Schlag oder gar einen von rechts nach links fliegenden Ball (»Draw«) zur Folge hat. Dieser Handeinsatz wird Anfänger vor dem für sie so typischen, nach rechts verzogenen »Slice« bewahren. Anders gelagert ist der Fall bei fortgeschrittenen Golfern. Sie haben bereits eine kräftige Golfmuskulatur und verfügen daher über schnelle Bewegungen im Treffmoment. Durch ein im Verhältnis zur Körperbewegung zu schnelles Überrollen der Hände wird der schlechte Schlag eines guten Golfers eher nach links fliegen. Daher versuchen gute Spieler, die Schlagfläche bei halbem Durchschwung in der 12-Uhr- oder 12.30-Uhr-Stellung zu halten. Sie versuchen auch, den Handgelenkeinsatz hinauszuzögern, während der Durchschnittsgolfer gut daran tut, diese Bewegung zu betonen. Wenn Sie also mit dem Gedanken spielen, getreu dem »Was bei dem funktioniert, kann wohl bei mir nicht falsch sein«-Motto zu imitieren, so sollten Sie bei der Schlagflächenkontrolle andere Prioritäten setzen.

Der komplette Rückschwung

Inzwischen sollte Ihnen die Routine vertraut sein, mit der Sie die Ansprechposition beziehen und den Ball mit einem halben Schwung etwa 50 Meter weit schlagen. Dieser Schlag sollte mit einer gewissen Präzision und Beständigkeit wiederholbar sein. Mit dem Minischwung haben Sie bereits die Grundlage für den vollen Schwung geschaffen, dem wir uns nunmehr anhand der Rück- und Durchschwungerweiterung widmen werden. Durch den größeren Schwung werden Sie mehr Schlägerkopfgeschwindigkeit erzeugen, was direkten Einfluß auf die Flugweite Ihres Balles haben wird. Sie stehen nun vor der schwierigsten Hürde, die es während des Golfschwung-Lernprozesses zu überwinden gilt. Viele Anfänger empfinden den vollen Schwung als schwer auszuführende Aufgabenstellung und verlieren nicht selten die Lust am Spiel, weil es ihnen nunmehr nicht mehr gelingt, den Ball beständig zu schlagen. Erlernen Sie daher den Schwung Phase für Phase und fügen Sie die Einzelbereiche schließlich zur Schwungeinheit zusammen.

Zweitens ...

In der zweiten Phase wird der Schläger aus der Position des halben Rückschwungs (in der der Schläger-

Oben: **In der Dreiviertel-Rückschwungposition ist die Schulterdrehung fast abgeschlossen, die Hüfte hat sich nur halb soviel gedreht. Frontal betrachtet zeigt der Schlägerschaft auf die 1-Uhr-Stellung, die Handgelenke sind fast völlig abgewinkelt.**

Rechts: **Seitlich betrachtet, steht der Schlägerschaft in der Dreiviertel-Rückschwungposition fast vertikal. Die Handgelenke sind fast vollständig abgewinkelt, der Schläger wurde durch die Schwungbewegung der Arme über die rechte Schulter gehoben. Die Ellbogen liegen, auf gleicher Ebene, nah beieinander.**

✓ RICHTIG ✓
Der Schläger ist am höchsten Punkt des Rückschwungs angelangt, die Schultern haben sich um 90 Grad, die Hüfte um 45 Grad gedreht. Die Arme haben nach oben geschwungen, der Schläger befindet sich oberhalb der rechten Schulter. Der Schlägerschaft muß nicht unbedingt ganz parallel zur Ball-Ziel-Linie verlaufen, in unserem Fall zeigt er etwas nach links.

schaft parallel zum Boden liegt) weiter zurückgeführt, bis der Schlägerschaft eine Stellung etwa vertikal zum Boden erreicht. Dabei wird die rechte Schulter weiter gedreht als bisher und der linke Arm nach oben geschwungen. Währenddessen schwingt der Schlägerkopf leicht kreisförmig um den Körper, bis er aus dem Sichtfeld verschwindet. Die Schwungform wird dabei weitgehend von den großen Rücken- und Schultermuskeln bestimmt, die Arme werden geradezu von selbst einer korrekten Körperdrehung folgen. Spüren Sie, wie sich die linke Schulter unter ihr Kinn dreht, dies bestätigt die gute Körperdrehung.
Die Bedeutung einer korrekten Körperhaltung in der Ansprechposition (Vorbeugung des Rückgrats aus der Hüfte, herausgestrecktes Gesäß sowie leicht angewinkelte Knie) wird hier wieder veranschaulicht. Der Oberkörper kann sich im Rückschwung etwas nach rechts und im Durchschwung etwas zum Ziel verlagern, solange der Winkel des Rückgrats – von der Seite betrachtet – während des gesamten Schwungs unverändert bleibt.

Überprüfen Sie Ihre Körperhaltung!

Auf dem Dreiviertel-Rückschwungweg sollten Sie Ihre Position erneut überprüfen. Die Schultern haben sich nun um 80 Grad und die Hüfte um 40 Grad gedreht. Bei dieser Drehung leistet das rechte Bein Widerstand, wenngleich auch weniger als in der Ansprechposition. Vermeiden Sie,

Die Position des Schlägers am höchsten Punkt des Rückschwungs

Beim Modellschwung drehen die Schultern um 90 Grad, während der Armschwung den Schläger über die rechte Schulter führt. Es gibt keine genaue Vorgabe über die ideale Rückschwunglänge (sie ist abhängig von der Beweglichkeit des Spielers), als Anhaltspunkt dient, daß der Schlägerschaft am höchsten Punkt, wenn die linke Körperseite maximal gedehnt ist, fast vertikal zum Boden steht. Die Schwunglänge wird beim Schlag mit dem Eisen 9 natürlich auch kürzer sein als bei einem Abschlag mit dem Holz, da nun Kontrolle wichtiger als Länge ist und der Körper entsprechend weniger drehen muß.

In meinen Augen ist es nicht wichtig, ob der Schlägerschaft am höchsten Punkt des Rückschwungs genau parallel zur Ball-Ziel-Linie liegt. Bei einem kürzeren Eisen ist dies ohnehin nicht der Fall, hier zeigt der Schlägerschaft etwas nach links. Der einzige Schläger, bei dem der Schaft diese Parallele zur Ball-Ziel-Linie erreicht, ist der Driver, bei dem der Rückschwung am längsten sein wird. Wichtig bei allen Schlägern ist, daß die Schultern eine volle Drehung vollziehen, denn nur so wird eine Position erreicht, aus der heraus ein effizienter Abschwung eingeleitet werden kann. Drehen die Schultern in der zweiten Rückschwunghälfte nicht korrekt, verkantet der Schlägerschaft, was den weiteren Schwungverlauf negativ beeinflußt. Die meisten Golfer, die auf halbem Weg des Rückschwungs in eine korrekte Position hineindrehen, haben auch am höchsten Punkt des Rückschwungs eine gute Position inne.

✗ FALSCH ✗
Die Ellbogen befinden sich nicht auf gleicher Höhe, zudem ist der rechte zu weit vom Körper entfernt. Dadurch »taucht« die linke Schulter zum Ball und der Schlägerschaft liegt am höchsten Punkt des Rückschwungs im Verhältnis zur Ball-Ziel-Linie zu weit rechts.

✗ FALSCH ✗
Hier sehen wir eine äußerst schlechte Position. Die Schultern haben nicht genug gedreht und der linke Arm wurde in der zweiten Rückschwungphase nicht genug nach oben geschwungen. Das Ergebnis ist ein Verlust an Schlägerkopfgeschwindigkeit, zudem wird es aus dieser Position heraus kaum möglich sein, den Ball zum Ziel zu schlagen.

Die Kontrolle des Rückschwungs durch die linke Ferse

Der Golfschwung beinhaltet eine Gewichtsverlagerung in dieselbe Richtung, in die auch der Schläger bewegt wird: im Rückschwung nach rechts, im Abschwung zur Zielseite. Deutlich zu erkennen ist dies im Durchschwung: Das ganze Gewicht ist nach links verlagert, die rechte Fußspitze hilft nur noch, das Gleichgewicht zu halten.

Um die Gewichtsverlagerung zu kontrollieren, ist die linke Ferse am Boden zu halten. In der vollen Drehung hat sich die linke Körperhälfte gestreckt, wodurch Spannkraft für den weiteren Schwungverlauf erzeugt wurde. Jedem ausreichend beweglichen Spieler sollte es möglich sein, den Körper zu drehen und dennoch den Unterkörper zu kontrollieren, indem er verhindert, daß sich die linke Ferse vom Boden löst.

Weniger bewegliche Spieler dürfen die linke Ferse etwas anheben. Allerdings erst, wenn der Schläger schon fast den höchsten Punkt des Rückschwungs erreicht hat und die Handgelenke bereits entsprechend abgewinkelt sind. Ein früheres Lösen der linken Ferse vom Boden resultiert aus einer schlechten Körperdrehung. Konzentrieren Sie sich darauf, die Hüfte nur halb soweit wie die Schulter zu drehen. Dreht die Hüfte im Rückschwung zu viel, wird sich die linke Ferse zu früh vom Boden lösen und das Gewicht sowohl zu schnell als auch zu weit nach rechts verlagert.

Der Rückschwung kann nur effizient sein – und im weiteren Schwungverlauf Schlägerkopfgeschwindigkeit erzeugen – wenn die Schultern drehen und Hüfte sowie Beine gleichzeitig Widerstand leisten. Dadurch dehnen sich die Muskeln der linken Körperhälfte. Im Idealfall löst sich die linke Ferse nicht vom Boden, nur weniger bewegliche Spieler können sie am höchsten Punkt des Rückschwungs etwas anheben. Übertriebenes oder zu frühes Lösen der linken Ferse vom Boden führt zu Kraftverlust.

das Bein durchzustrecken, es ginge Spannung verloren, was einen kraftlosen Schwung zur Folge hätte.
Das linke Knie hat sich etwas nach rechts bewegt und ist etwas angewinkelter als zuvor. Sie spüren, wie sich das Körpergewicht aus der gleichmäßigen Verteilung während der Ansprechposition heraus nach rechts verlagert hat. Als Reaktion auf die Hüftdrehung stützt nun die rechte Ferse das Gewicht ab.
Der linke Arm ist gerade, aber nicht bewußt durchgestreckt, der rechte Ellbogen zum Körper hin abgewinkelt. Wenn Sie die Ellbogen zusammenhalten, spüren Sie, wie der rechte Ellbogen mit zunehmendem Rückschwung weiter nach unten zeigt. An dieser Stelle ein Hinweis zur Anspannung: Bei zu festem Griffdruck oder beim Zusammendrücken der Ellbogen kann der rechte Ellbogen während des zweiten Teils des Rückschwungs nicht korrekt abwinkeln. Die Bewegung muß sich daher leicht und bequem anfühlen, ganz so, als würden Sie den Schläger in die gewünschte Position heben. Sie spüren, wie der linke Arm nah an der Brust liegt, sie jedoch nicht berührt. Dies erlaubt den Händen, während des Rückschwungs weit genug nach oben zu schwingen und somit einen größtmöglichen Schwungbogen zu schaffen. Lassen Sie die Handgelenke natürlich abwinkeln, bis Sie in die Dreiviertel-Rückschwungposition gelangen. Ein guter Schwung ist die gelungene Kombination aus Drehung des Oberkörpers gegen die Hüfte, während die Beine Widerstand leisten. Gleichzeitig schwingen die Arme nach oben, die Handgelenke winkeln ab. Körperdrehung und Handgelenkeinsatz müssen homogen zueinander erfolgen, weil sonst der Schwung unrhythmisch und unflüssig wird. Für einen letzten Check-up sind Sie auf einen Spiegel, eine Videokamera oder die Hilfe eines Freundes angewiesen. In der Dreiviertel-Rückschwungposition sollte – seitlich betrachtet – die Verlängerung des Schlägerschaftes zur Ball-Ziel-Linie zeigen. Auf diese Weise können Sie Ihre Schwungebene überprüfen und feststellen, ob die Arme den Schläger nach oben geschwungen haben, während gleichzeitig die Neigung des Rückgrats unverändert geblieben ist.

Beenden Sie den Rückschwung!

Um den Rückschwung zu vollenden, drehen Sie die Schultern um weitere 10 Grad und bewegen Ihren linken Arm etwas weiter nach oben. Die Hände befinden sich nun über dem Kopf. Diese Fortführung des Rückschwungs dehnt all ihre linken Muskeln.
Sie sind nun in einer kraftvollen Position, um den Richtungswechsel zum Abschwung einzuleiten. Überprüfen Sie, ob Ihre linke Schulter unter das Kinn gedreht hat. Die Hüfte hat nur halb soviel wie die Schultern gedreht, das rechte Knie blieb leicht angewinkelt und die linke Kniescheibe zeigt zu einem Punkt auf dem Boden, unmittelbar hinter dem Ball. Ihre linke Ferse hat sich zwar nicht vom Boden gelöst, doch Sie spüren, daß sich Ihr Körpergewicht mehr auf die linken Zehen verlagert hat und von der rechten Ferse abgestützt wird. Ebenso spüren Sie, wie der linke Daumen unter dem Griffband liegt und das Gewicht des Schlägers abstützt. An dieser Stelle möchte ich betonen, daß es für mich nicht die »perfekte Rückschwunglänge« gibt. Entscheidend ist vielmehr, daß die Schultern ganz aufgedreht, die Arme nach oben geschwungen und die Handgelenke abgewinkelt haben. Am Ende des Rückschwungs steht der Schlägerschaft beinahe vertikal zum Boden. Wenn es Ihnen zunächst nicht gelingt, diese Position zu erreichen, so ist dies vorerst nicht weiter schlimm. Später können Sie dieses Schwungelement trainieren, zunächst gilt es jedoch, ein zu starkes Abwinkeln des linken Armes oder ein unkontrolliertes Überdrehen der Schultern zu vermeiden. Spüren Sie, wie der Schlägerschaft oberhalb Ihrer rechten Schulter liegt und die Neigung des Rückgrats unverändert geblieben ist. Dies ist in einem Spiegel leicht überprüfbar. Vielen Anfängern fällt es schwer, den Rücken zum Ziel zu drehen. Dies ist aber unbedingt nötig, um am höchsten Punkt des Golfschwungs in eine gute Position zu gelangen, was übrigens beim Erlernen des Rückschwungs auch ein guter Schwunggedanke ist.

Checkliste

- ❍ Im weiteren Verlauf des Rückschwungs bestimmt der linke Arm den Schwungradius, während die rechte Schulter zurückdreht.
- ❍ Der Schlüssel zu einer guten Rückschwungposition liegt in einer korrekten Haltung auf halbem Rückschwungweg.
- ❍ Am höchsten Punkt des Rückschwungs haben die Schultern um 90 Grad und die Hüfte um 45 Grad gedreht.
- ❍ Sie strecken Ihre linke Körperhälfte, indem Sie die Schultern drehen und gleichzeitig mit dem Unterkörper Widerstand leisten. Die linke Ferse sollte sich dabei nicht vom Boden lösen.
- ❍ Erreicht der Schlägerschaft die 8-Uhr-Stellung, beginnen die Handgelenke abzuwinkeln, bis er zur 1-Uhr-Stellung gelangt. Aus dieser Position heraus wird der Rückschwung durch die weitere Schulterdrehung vollendet.
- ❍ Am höchsten Punkt des Rückschwungs befindet sich der Schlägerschaft oberhalb der rechten Schulter.
- ❍ Der Rückschwung ist zu beenden, bevor der Schlägerschaft waagrecht zum Boden verläuft. Dies verbessert die Kontrolle des Abschwungs.

Der Kippschwung, auch »Reverse Pivot« genannt

Eine gute Geschwichtsverlagerung ist Voraussetzung für beständig gute Schläge, denn sonst wird nicht die maximale Schlägerkopfgeschwindigkeit erzielt, und der Schlägerkopf erreicht zu früh den tiefsten Punkt des Schwungs. Das Gewicht folgt der Richtung, in der Sie den Schläger schwingen: im Rückschwung nach rechts, im Abschwung und durch den Treffmoment hindurch nach links. Der schlimmste Fehler ist, das Gewicht im Rückschwung nach links zu verlagern und später, während des Treffmoments, nach rechts zurückzufallen. Obwohl dieser Schwung völlig unnatürlich wirkt und sich unbequem anfühlt, werden Sie ihn gegebenenfalls gar nicht gleich bemerken. Ich habe die Erfahrung gemacht, daß dieser fehlerhafte Schwung oft aus dem Versuch resultiert, den Kopf während des Schwungs ganz ruhig zu halten. Der Kopf muß sich aber während des Rückschwungs etwas nach rechts bewegen, um die Schulterdrehung unterstützen zu können. Auch beim Ab- und Durchschwung wird der Kopf den Schultern folgen. Am besten läßt sich dies in der Endhaltung erkennen: Der Kopf hat sich nach links bewegt und ist leicht angehoben. Der Versuch, den Kopf »unten« und »ruhig« zu halten, behindert Ihre Körperbewegung!

✗ FALSCH ✗

Die Gewichtsverlagerung in verkehrter Reihenfolge ist einer der verheerendsten Fehler im Golf. Das Gewicht wird dann im Rückschwung – entgegengesetzt zu Körperdrehung und Armschwung – nach links verlagert (oben). Das rechte Bein ist durchgestreckt, die linke Schulter zum Ziel gedrückt. Um das Gleichgewicht zu halten, wird der Spieler im Treffmoment das Gewicht nach rechts verlagern. Nach Dreiviertel des Durchschwungs (rechts) ist das Gewicht noch auf der rechten Seite, und nicht, wie es richtig wäre, schon nach links verlagert, außerdem sollte sich der Kopf eigentlich auf Höhe des linken Beines befinden. Mit diesem Schwung erreicht der Schlägerkopf zu früh den tiefsten Punkt des Schwungs. Häufiges Ergebnis: Der Ball wird getoppt.

Die Ebene der Schulterdrehung

Beim Golf gibt es zwei wichtige Schwungebenen. Die eine wird durch den Schlägerkopf gebildet, der einerseits um den Körper herum, andererseits im Rückschwung nach oben, im Abschwung nach unten und im Durchschwung wieder nach oben schwingt. Dieser Bogen verläuft um einen zentralen Punkt, den oberen Bereich des Brustbeins. Der andere, erheblich kleinere Bogen wird durch die Schulterdrehung geprägt, die – auf einer flacheren Ebene – um den gleichen zentralen Punkt herum erfolgt. Ihr gesamter Schwung hängt im großen Maße von diesen beiden Schwungebenen ab.

Sie können sich zunächst nur mit der Ebene Ihrer Schulterdrehung befassen, indem Sie einen Schläger gegen Ihre Schultern halten und – bei normaler Körperhaltung – drehen. Nach einer 90-Grad-Drehung, also am Ende des Rückschwungs, sollte der Schlägerschaft nicht zum Ball zeigen, sondern auf eine Stelle, die etwa 3 Meter von ihm entfernt ist. Im Gegensatz dazu muß die Ebene Ihres Armschwungs deutlich steiler verlaufen. Auf diese Weise gewährleisten Sie, daß die Schlägerkopfsohle im Treffmoment das Gras berührt. Anfänger toppen oft den Ball, weil sie erst die korrekte Ebene des Armschwungs herausfinden müssen. Womit auch erklärt ist, warum die Schultern drehen sollen und nicht kippen. Sie sollen ja auch einen Abschwung machen und keinen »Rundumschlag«! Verinnerlichen Sie sich, wie Ihre Schultern auf einer Ebene drehen, während die Arme den Schläger auf einer steileren Ebene bewegen.

✓ RICHTIG ✓

Zwei Ebenen bestimmen den gesamten Schwungverlauf: Die Schulterdrehung und der Bogen, den der Schlägerkopf beschreibt. Während der Schläger auf der einen Ebene schwingt (A), drehen die Schultern auf einer erheblich flacheren Ebene (B).

Das linke Handgelenk am Ende des Rückschwungs

Bei einer kontrollierten Stellung der Schlagfläche am höchsten Punkt des Rückschwungs ist der Schläger in der idealen Position, um den Abschwung einzuleiten. Eine falsche Stellung der Schlagfläche am höchsten Punkt des Rückschwungs wird zumeist durch einen Fehler zu einem früheren Schwungzeitpunkt verursacht, entweder durch einen falschen Griff oder durch eine schlechte Kontrolle der Schlagfläche auf halbem Rückschwungweg. Wenn die Spitze des Schlägerkopfes zur Hälfte des Rückschwungs zum Himmel zeigt, müssen Sie die Schulter weiter aufdrehen, während Sie den linken Arm nach oben schwingen. Am höchsten Punkt des Schwungs werden linker Handrücken und linker Unterarm etwa eine gerade Linie bilden. Dies läßt sich gut in einem Spiegel überprüfen. Eine korrekte Handgelenkposition verhilft Ihnen zu Schlagflächenkontrolle!

Wenn das linke Handgelenk zu sehr zur Handtellerseite abgewinkelt hat,

✓ RICHTIG ✓
Die ideale Position am höchsten Punkt des Rückschwungs: Handrücken und Unterarm bilden eine gerade Linie, wodurch die Kontrolle der Schlagfläche gewährleistet ist. Bei einer korrekten Position der linken Hand wird die Schlagfläche stets square gestellt sein.

wird die Schlagfläche zum Himmel zeigen und der Schlag nach links verzogen, weil die Schlagfläche im Treffmoment geschlossen auf den Ball trifft. In diesem Fall ist zunächst zu überprüfen, ob die Schlagfläche auf halbem Rückschwungweg bereits geschlossen ist.
Ist die Schlagfläche indes zur Hälfte des Rückschwungs schon offen, so wird sich das Handgelenk bis zum höchsten Punkt des Rückschwungs zu sehr abwinkeln und die Schlägerkopfspitze zum Boden zeigen. Aus dieser Position heraus ist es nicht möglich, den Abschwung korrekt zu beginnen.

✗ FALSCH ✗
Der Winkel des linken Handgelenks ist konkav, vermutlich resultierend aus einem Fehler im frühen Schwungstadium. Die Schlagfläche steht »offen«, eine Kompensationsbewegung im Abschwung ist nötig, möchte man den Schlag nicht nach rechts verziehen.

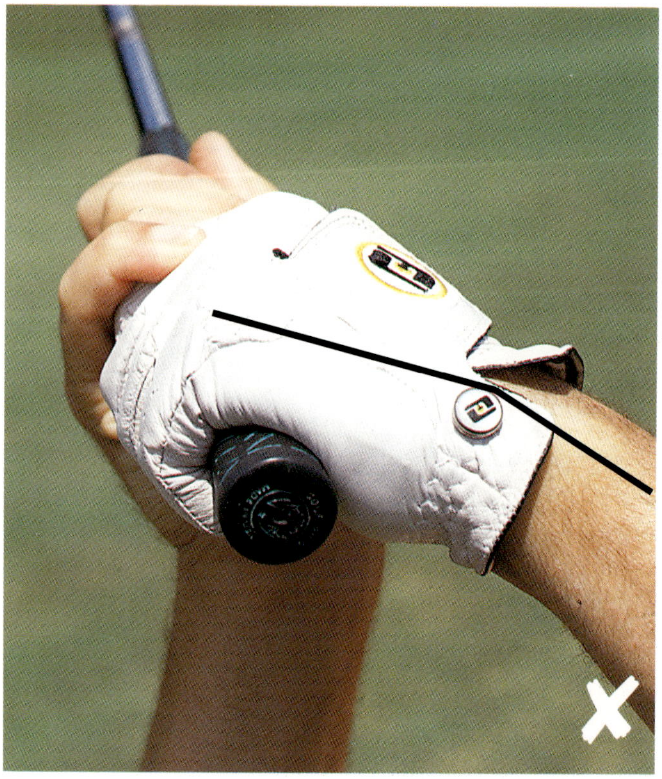

✗ FALSCH ✗
Der Winkel des Handgelenkes ist konvex, wodurch die Schlagfläche am höchsten Punkt des Rückschwungs »geschlossen« ist. Auch hier ist der Fehler in einem früheren Zeitpunkt des Rückschwungs bzw. in der Ansprechposition zu suchen. Der Schlag wird in der Regel nach links verzogen.

Der Ab- und Durchschwung

Ab- und Durchschwung lassen sich am leichtesten in vier Etappen erlernen, denn auf diese Weise können die einzelnen Schwungphasen separat erläutert und detailliert überprüft werden. Sobald Sie dann mit den verschiedenen Schwungphasen vertraut sind, sind diese nur noch zu einem flüssigen Bewegungsablauf aneinanderzufügen, so daß der Ball kräftig getroffen wird. Vergessen Sie nicht, daß es keineswegs darum geht, den Ball zu schlagen. Vielmehr ist das Ziel, den Schläger einerseits ungehindert, andererseits kontrolliert durch den Ball zu schwingen, so daß er das Gras fegt. Während des Abschwungs sollten Sie dabei die Zentrifugalkraft spüren, die den Schlägerkopf auf einer konstanten Umlaufbahn abwärts und durch den Treffmoment hindurch beschleunigt. Während Sie den Schlägerkopf um sich herum beschleunigen, sollten Sie auf einen leichten Griffdruck und eine ausgeglichene Körperspannung achten. Vom muskulären Einsatz her hat der Golfschwung erstaunlich wenig mit Kraft zu tun, es geht vielmehr um ein Gefühl des ungehinderten Schwingens statt des bewußten Schlagens. Instinktives Zuschlagen verspricht im Golf keinen Vorteil! Später, wenn Sie die verschiedenen Ab- und Durchschwungphasen zusammensetzen, werden auch Sie merken, daß Sie zu keinem Schwungmoment bewußt auf den Ball schlagen.

✓ **RICHTIG** ✓

Der linke Arm leitet den Rückschwung ein. Beachten Sie, daß sich die rechte Schulter deutlich hinter der linken Hand befindet und die Handgelenke abgewinkelt bleiben.

Erstens ...

Der Abschwung beginnt im Vergleich zum Rückschwung mit dem umgekehrten Bewegungsablauf. Zunächst bewegt sich der linke Arm nach unten, wobei es sich hierbei um die Schlüsselbewegung und die Grundvoraussetzung für den korrekten Abschwung handelt. Die Bewegung des linken Arms nach oben ist die letzte Sequenz des Rückschwungs, dementsprechend stellt sie auch die erste Sequenz des Abschwungs dar. Hören Sie nicht auf den Ratschlag, die Gewichtsverlagerung mit den Beinen zu beginnen. Wenn die Abwärtsbewegung des linken Arms den Abschwung einleitet, nähert sich der rechte Ellbogen automatisch der Brust. Die Schultern beginnen zurückzudrehen, wobei die rechte Schulter ständig,hinter der linken Hand bleibt. Dabei wird der Schläger auf der gleichen (oder zumindest einer ähnlichen) Ebene bewegt, wie zuvor im Rückschwung. Dies läßt sich am deutlichsten erkennen, wenn der Schlägerschaft parallel zum Boden liegt. Nun ist der Schaft auch wieder parallel zur Ball-Ziel-Linie und die Schlagfläche zeigt auf

✗ FALSCH ✗
Oben: **Die schlimmste Art, den Abschwung einzuleiten. Die rechte Schulter bewegt sich zu früh nach vorne und außen. Eigentlich hätte sich der Abstand zwischen rechter Schulter und linkem Arm vergrößern sollen, was hier nicht der Fall ist.**

✗ FALSCH ✗
Unten: **Nun bewegen sich die Arme zwar abwärts, doch der Körper wurde nicht zurückgedreht. Der Winkel in den Handgelenken löst sich zu früh auf und der rechte Ellbogen ist zu weit vom Körper entfernt.**

dem imaginären Zifferblatt auf die 11.30-Uhr-Zeigerstellung. Überprüfen Sie diese Schlüsselbereiche, bis sie in Ihr Muskelgedächtnis eingegangen sind. Der Körper hat sich fast vollständig zurückgedreht, gleichzeitig befindet sich die rechte Schulter noch um etwa 20 Grad weiter rechts, die Hüfte zeigt zum Ball, und das Gewicht ist soweit zurückverlagert, daß es gleichmäßig auf beide Beine verteilt ist. Der denkbar schlimmste Abschwungfehler ist, die rechte Schulter nach vorne zu drücken, da die Arme dann automatisch der falschen Bewegung der großen Muskelpartien folgen werden.

Die erste Phase des Abschwungs besteht weitgehend aus dem Armschwung, dem die Körperdrehung folgen wird. Der Winkel in den Handgelenken wird sich ganz natürlich auflösen. Sie müssen diesen Vorgang weder bewußt einleiten noch bewußt verzögern. Zwar wirkt sich eine gewisse, nicht übertriebene Verzögerung des Abwinkelns positiv auf das Schlagergebnis aus, doch nur, wenn dies bis unmittelbar vor dem Treffmoment geschieht.

Zweitens ...

Zwischen halbem Ab- und halbem Durchschwung kommt der Minischwung zum Tragen. Denken Sie an die rechte Hand, die über die linke dreht – eine Bewegung, die auf halbem Abschwungweg beginnt und erst endet, wenn der Schläger nach dem Treffmoment wieder parallel zum Boden liegt. Versuchen Sie, das Gras im Treffmoment zu streifen, vergessen Sie dabei nicht, das rechte Knie etwas nach links zu bewegen, wodurch sich die linke Ferse vom Boden lösen wird. Überprüfen Sie auf halbem Weg des Durchschwungs, ob der Schlägerschaft wieder parallel zur Ball-Ziel-Linie verläuft und die Führungskante der Schlagfläche wieder in der 11.30-Uhr-Stellung steht.

✓ RICHTIG ✓

Die ideale Position auf halbem Weg des Abschwungs: Das linke Knie hat sich wieder nach rechts bewegt und die Hüfte sich vollständig zum Ball zurückgedreht. Der rechte Arm ist etwas gestreckt, der rechte Ellbogen liegt nah am Körper.

✗ FALSCH ✗

Unten: **Der Unterkörper hat zwar korrekt zurückgedreht, doch gleichzeitig wurde der rechte Ellbogen förmlich in die Körperseite gepreßt. Dadurch ist die Schlagfläche, die zum Himmel zeigt, zu weit geöffnet.**

✗ FALSCH ✗

Links: **Durch den starken Einsatz von rechter Hand und rechtem Ellbogen hat sich der Winkel in den Handgelenken zu früh aufgelöst. Die Folge ist ein zu großer Abstand zwischen den Ellbogen.**

✗ FALSCH ✗
Ein häufig zu beobachtender Abschwungfehler: Der Spieler versucht, die Beine zum Ziel zu schieben, weil so vermeintlich mehr Kraft erzeugt wird. Die Hüfte folgt dieser Bewegung, worauf der Oberkörper nach rechts fällt. Achten Sie darauf, den Körper durch den Treffmoment hindurch zu drehen.

Drittens ...

In der nächsten Abschwungphase wird der Schläger von der Hälfte des Abschwungs in die Dreiviertel-Durchschwungposition bewegt. Die Schlüsselbewegung besteht dabei aus einem Strecken des rechten Arms und gleichzeitiger Drehung der linken Schulter zum Ziel. Der Schlägerkopf wird dabei leicht bogenförmig um den Körper geschwungen, wobei die Körperdrehung die Schwungrichtung bestimmt. Versuchen Sie nicht, den Schläger krampfhaft zum Ziel zu schwingen, sondern vertrauen Sie auf Ihre natürlichen Körperbewegungen. Lassen Sie mich an dieser Stelle auf die Bewegung des linken

✓ RICHTIG ✓
Bei Hälfte des Abschwungs liegt der Schlägerschaft wieder parallel zur Ball-Ziel-Linie (aus Sicht des Spielers parallel zu der von seinen beiden Fußspitzen gebildeten Linie). Die Hüfte zeigt zum Ball, die Schultern haben noch nicht ganz zurückgedreht, und der rechte Ellbogen liegt dicht am Körper.

✗ FALSCH ✗
Auf halbem Abschwungweg ist der Schläger nicht auf der richtigen Ebene. Er liegt parallel zur Ball-Ziel-Linie und zeigt zu einem Punkt rechts des Ziels. Schultern, Hüfte und Beine haben nicht rechtzeitig zurückgedreht.

✗ FALSCH ✗
Der weitverbreitetste Fehler bei Spielern mit hohen Vorgaben: Schultern und Hüfte haben zu früh zurückgedreht. Eigentlich sollte in dieser Schwungphase die Hüfte zum Ball zeigen, während die Schultern noch ein wenig aufgedreht sind.

Arms im Durchschwung eingehen. Von der 4-Uhr-Stellung des Schlägerschafts, also zwischen Treffmoment und halbem Durchschwung, muß der linke Ellbogen abwinkeln, damit Sie einen effizienten Schwung ausführen können, der sich zudem vertraut und bequem anfühlt.

Halten Sie den Schläger in der Dreiviertel-Durchschwungposition an. Er liegt nun, oberhalb der linken Schulter, parallel zum Boden. Diese Stellung entspricht nicht ganz dem Spiegelbild der Position am höchsten Punkt des Rückschwungs. Der rechte Arm ist nun gestreckt und nach oben geschwungen. Ihre Hände haben Kopfhöhe erreicht. Der rechte Ellbogen bildet fast einen rechten Winkel, beide Arme sind eng zusammen. Die Schultern haben sich um mehr als 90 Grad nach links gedreht. Wichtig ist, daß sich der Winkel des Rückgrats seit der Ansprechposition nicht verändert hat. Richten Sie niemals den Oberkörper auf, ehe Sie das Schwung-Finish erreichen, auf diese Weise gewährleisten Sie einen sicheren, soliden Kontakt mit der Rückseite des Golfballs. Das rechte Knie hat sich mehr zur Zielseite hin bewegt und berührt fast das linke.

Das Gewicht lastet hauptsächlich auf der linken Ferse. Der rechte Fuß stabilisiert nur noch mit den Zehen das Gleichgewicht, die rechte Ferse hat sich fast völlig vom Boden gelöst. Der Oberkörper zeigt, ebenso wie die Hüfte, zum Ziel (bzw. sogar etwas links des Ziels).

... und viertens

In der Endphase des Schwungs befindet sich der Schlägerschaft hinter dem Nacken, im Idealfall 30 Grad unterhalb der Horizontale. Dem Schwung-Finish können Sie entnehmen, ob die zuvor aneinandergereihten Sequenzen korrekt ausgeführt wurden. Streben Sie ein gut ausbalanciertes Finish an, bei dem die rechte Schulter etwas unter der linken bleibt und sich der Oberkörper – bedingt durch die Schulterdrehung – etwas aufgerichtet hat. Dadurch hebt sich auch Ihr Kopf etwas an, so daß Sie den Ballflug bequem verfolgen können. Je nach Schulterbeweglichkeit haben sich die Schultern hierfür um etwa 120 Grad nach links gedreht. Die Hüfte zeigt weiterhin zum Ziel. Das linke Bein ist gestreckt, das rechte indes ist abgewinkelt. Das rechte Knie berührt das linke und der rechte Fuß hat sich – mit Ausnahme der Zehen – ganz vom Boden gelöst. Sie spüren, daß Ihr Körpergewicht deutlich auf der linken Ferse lastet, wodurch die linken Zehen ebenfalls etwas vom Boden abgehoben sind. Das Finish sollte einen Moment lang eingehalten bleiben. Da sich in dieser Haltung aber die rechten Rückenmuskeln strecken, ist es ganz natürlich, daß Sie nach Schwungende wieder etwas zurückdrehen. Versuchen Sie nicht, den rechten Arm bewußt (oder gar krampfhaft) gestreckt zu halten, er darf nun ruhig wieder

In der Dreiviertel-Durchschwungposition sollte sich der Schlägerschaft über der linken Schulter befinden, der rechte Arm völlig gestreckt und der linke Ellbogen abgewinkelt sein.

✓ RICHTIG ✓
Bei diesem Finish ist gut erkennbar, daß der Schläger hinter dem Nacken liegt, der rechte Arm nicht mehr ganz gestreckt, dafür aber der linke völlig abgewinkelt ist. Durch die Gewichtsverlagerung hat sich die rechte Ferse vom Boden gelöst, nur noch die rechte Fußspitze unterstützt das Gleichgewicht. Im Idealfall befindet sich der Schlägerschaft etwa 30 Grad unterhalb der Horizontalen.

etwas abwinkeln. Im Idealfalle sogar um 90 Grad, denn so ist gewährleistet, daß beide Arme gemeinsam – und nicht gegeneinander – agieren.

Checkliste

❍ Der Abschwung wird mit dem linken Arm eingeleitet, gleichzeitig nähert sich der rechte Ellbogen dem Körper.

❍ Bei Hälfte des Abschwungs verläuft der Schlägerschaft parallel zur Ball-Ziel-Linie, die Führungskante des Schlägerblatts zeigt auf die 11.30-Uhr-Stellung.

❍ Bei Hälfte des Abschwungs zeigt die Hüfte zum Ball, die Schultern sind etwas aufgedreht.

❍ Die Handgelenke winkeln natürlich ab und halten den Schläger beim nächsten Check-Point (Schläger in Hüfthöhe beim Durchschwung) an.

❍ Von nun ab muß der Körper bis zur Dreiviertel-Durchschwungstellung deutlich zum Ziel drehen. Gleichzeitig schwingt der rechte Arm nach oben, bis der Schläger über der linken Schulter liegt.

❍ Trainieren Sie das Schwung-Finish. Drehen Sie die Schultern bis 120 Grad nach links, so daß der Schlägerschaft hinter dem Nacken endet.

❍ Bewahren Sie eine leichte Muskelanspannung und lassen Sie den Schläger frei zur nächsten Schwungposition schwingen. Keine Schwungbewegung sollte dabei erzwungen werden!

✗ FALSCH ✗
Schlechtes Finish, bei dem die rechte Schulter zu früh und zu weit angehoben wurde. Der rechte Arm hat den Schläger nicht nach oben geschwungen, Hände sind unterhalb des Nackens. Zu einem früheren Abschwungzeitpunkt hat sich ein Fehler in den Bewegungsablauf eingeschlichen.

✗ FALSCH ✗
Einer der schlimmsten Golfratschläge ist, den Kopf »unten zu halten«. Dadurch kann der Körper nicht zum Ziel drehen und das Gewicht nicht nach links verlagert werden.

Training des vollen Schwungs

Am einfachsten und effizientesten lernt man den vollen Schwung, indem man sich zunächst die einzelnen Schwungsequenzen verinnerlicht und diese dann aneinanderreiht, um Schlägerkopfgeschwindigkeit zu erzeugen. Bis zu einem gewissen Punkt können Sie dabei ohne Golflehrer vorgehen, sofern Sie wissen, wo sich der Schläger in den einzelnen Schwungmomenten befinden muß und wie der Körper zu drehen hat. Um Ihr Muskelgedächtnis aufzubauen, müssen die Körperwinkel immer wieder, auch im Verhältnis zum imaginären Zifferblatt, überprüft werden. Der Schwung wird niemals eine einfache Herausforderung sein, da die verschiedenen Bewegungsbereiche zu viele Körperteile gleichzeitig beanspruchen. Besonders zu Beginn müssen Sie sich daher realistische Ziele setzen und viele Probeschwünge machen, ehe Sie mit dem Ball trainieren. Wenn Sie auf eine Videokamera zurückgreifen können, sollten Sie einige Schwungaufnahmen machen, bei denen Sie zunächst in den verschiedenen Schwungpositionen anhalten, ehe Sie schließlich den Schwung als ganzes ausführen. Anschließend überprüfen Sie Ihre Schwungtechnik in den unterschiedlichen Schwungmomenten. Alternativ helfen Ihnen auch Fotos Ihres Schwungs weiter, wobei Sie sich hierfür sowohl frontal als auch seitlich (also in der Verlängerung der Ball-Ziel-Linie) ablichten sollten. Nützen Sie am Anfang jede sich bietende Gelegenheit, um die Schlüsselpositionen Ihres Schwungs zu überprüfen.

Früher oder später aber muß der Golfball ins Trainingsgeschehen mit einbezogen werden. Ich rate Ihnen hierfür zu einem Basisschläger, beispielsweise dem Eisen 6. Der beste Trainingsort ist die Driving-Range, allerdings gibt es auch sehr gut geeignete Übungsmatten. Ignorieren Sie die mit Schwungveränderungen verbundenen Fehlschläge, schließlich weiß auch der Skifahrer, daß der Sturz ein Teil des Lernprozesses ist. Wer Angst vor dem Sturz hat, bei dem werden Fortschritte länger auf sich warten lassen. Schlagen Sie die Bälle zunächst vom Tee und machen Sie vor jedem Schlag zwei, wenn nicht gar drei Probeschwünge, während der Sie versuchen, den Boden dort zu streifen, wo später der Ball liegen wird. Jeder Golfschlag ist eine neue, eigene Aufgabe. Beginnen Sie daher bei jedem Schlag von neuem mit der Ausrichtung der Schlagfläche, dem Greifen des Schlägers, der Einnahme der Ansprechposition usw. Bleiben Sie am Ende des Schwungs im Finish stehen, denn auf diese Weise können Sie Ihre Balance überprüfen. Sobald Sie den Ball gut vom Tee schlagen, können Sie zu den Schlägen vom Gras (oder der Übungsmatte) übergehen.

Der Schwung lernt sich zwar in Etappen, muß aber schließlich eine kontinuierliche, flüssige Bewegung bilden. Nur so können Sie die für Schläge von akzeptablen Weiten benötigte Schlägerkopfgeschwindigkeit aufbauen. Jeder Golfer wird herausfinden, daß im Golfsport die Kraft nicht darin besteht, hart auf den Ball zu schlagen, sondern wieviel Schlägerkopfgeschwindigkeit entwickelt werden kann. Aus dem Versuch heraus, den Ball kraftvoll zu schlagen, erzielen körperlich kräftige Männer oftmals nur kurze Schläge. Denn ihre Schwungtechnik leidet unter dem »Hau«-Instinkt, was zu Unbeständigkeit und mageren Schlagweiten führt. Im Gegensatz dazu kann auch ein vermeintlich kraftloser Golfer den Schläger befreit und ungehindert durch den Treffmoment schwingen und dadurch einen großen Schwungradius (mit entsprechend hoher Schlägerkopfgeschwindigkeit), einen soliden Ballkontakt, und last but not least, ein gutes Schlag-Timing erzeugen. »Timing« ist übrigens ein Wort, mit dem Golfer oft und gerne einen weiten Schlag umschreiben – ohne dabei allerdings zu wissen, worin sich das Timing denn von dem bei anderen Schlägen unterscheidet. Sofern es sich nicht um sehr gute Spieler handelt, bevorzuge ich die Bezeichnung »Koordination«. Denn für mich bedeutet Koordination, wie gut die verschiedenen Schwungsequenzen aneinandergereiht werden, um den Schlägerkopf im Treffmoment korrekt an den Ball zu bringen. Ein gut koordinierter Schwung erzeugt, ohne Kontrollverlust, maximale Schlägerkopfgeschwindigkeit. Zudem läßt ein gut koordinierter Schwung den Schlägerkopf square auf die Rückseite des Balles treffen, was mit kraftvollen und mit dem Schlagflächenzentrum getroffenen Schlägen belohnt wird.

Denken Sie an die zwei Schlüsselbewegungen des Golfschwungs: die Drehung des Körpers (und der Armschwung) nach rechts im Rück- und nach links im Durchschwung. Körperdrehung und Armschwung müssen harmonisch zusammenwirken. Da der Anfänger zumeist noch kein richtiges Schwunggefühl hat, wird er versuchen, den Ball aus der Schulterdrehung heraus zu schlagen, wodurch er zu früh zurückdrehen wird. Vermeiden Sie diese falsche Bewegung und arbeiten Sie daran, den Abschwung unbedingt durch eine Abwärtsbewegung des linken Armes einzuleiten. In der nächsten Schwungphase achten Sie darauf, wie rechte Hand und rechter Unterarm über die linke Hand rollen. Wenn Ihnen dies nicht gelingt, wird die Schlagfläche nach rechts verkantet (statt rechtwinklig zur Ziellinie) auf den Ball treffen.

»Koordination« oder »Timing« beschreiben die Bewegungssequenzen (insbesondere jene im Abschwung), während sich das »Tempo« auf die gesamte Geschwindigkeit bezieht, mit der ein Schwung ausgeführt wird.

Ich möchte an dieser Stelle betonen, daß es keine ideale oder allgemein gültige Schwunggeschwindigkeit gibt, allerdings bin ich ein entschiedener Gegner des weitverbreiteten »Schwing langsam«-Ratschlags. Ein langsamer Schwung wird niemals zur maximalen Schlägerkopfgeschwindigkeit führen, womit ein wichtiger Bestandteil einer guten Schwungtechnik verloren geht. Interessanterweise reflektiert der Golfschwung die Charaktere des Spielers. Eine im Leben hektische Person schwingt lieber schnell, ein weniger temperamentvoller Mensch indes ist mit einem ruhigeren Schwungtempo erfolgreicher.

Die Schwunggeschwindigkeit ist eine völlig individuelle Angelegenheit, wie sich auch bei der Beobachtung vieler Profispieler verdeutlicht. Allerdings sind nach beiden Seiten Grenzen gesetzt: Mit einem zu langsamen Schwung wird der Ball immer kurz bleiben, bei einem zu schnellen Schwung indes droht Kontrollverlust.

Die Schwunggeschwindigkeit muß daher einen Kompromiß zwischen »schnell, da viel Schlägerkopfgeschwindigkeit« und »langsam, da bessere Kontrolle« darstellen. Bei all dem sollte zwischen Ab- und Rückschwung eine deutliche Veränderung der Geschwindigkeit spürbar sein. Dabei geht es allerdings nicht um einen abrupten Richtungswechsel, sondern um eine progressive Schlägerkopfbeschleunigung, die den Schlägerkopf am besten durch den Treffmoment hindurch schwingen läßt.

Gute Schwungkonzepte

Viele fortgeschrittene Golfer schöpfen ihr spielerisches Potential nicht aus, weil sie keine guten (oder gar überhaupt keine) Schwungkonzepte haben. Golf ist ein sehr komplexer Sport, in dem allein die Schwungtechnik schwer kontrollier- und wiederholbar ist. Dennoch sollte die Aufgabenstellung auch nicht schwieriger gestaltet werden, als sie ist. Dies ist jedoch der Fall, wenn man vermeintlich gut gemeinte Ratschläge allzu beherzigt oder das gesamte Spiel dem Zufall überläßt. Golf kann man über viele Jahre hinweg spielen und entsprechend lange Freude daran haben, daher sollte man sein Score-Glück nicht von schlechten Ratschlägen abhängig machen. Insbesondere für Berufstätige ist Golf ein sehr zeitraubender Sport. Deshalb sollte jeder das Beste aus Training und Zeit machen. Hierbei helfen gute Schwungkonzepte!

Schwungübungen

Die Verbesserung Ihrer Schlagtechnik hängt nicht nur von Ihrem Trainingseifer ab. Sie müssen Ihren in die Schwungbewegung involvierten Muskeln auch die notwendigen Informationen zukommen lassen, damit sie einen schlechten Schwung von einem guten unterscheiden und den guten beständig wiederholen können. Am erfolgversprechendsten erscheint, sich durch Training mit den Bewegungsteilbereichen vertraut zu machen. Diese Übungen fördern den Lernprozeß und verdeutlichen Ihnen, wie Ihre Körperteile agieren müssen.

Übung 1

Übung 1

Beginnen Sie die Übungen, indem Sie Ihre normale Ansprechposition einnehmen und sich bei leicht angewinkelten Knien aus der Hüfte heraus nach vorne beugen. Ihre Arme hängen locker von den Schultern herab, während Sie darauf achten, daß Ihre Ellbogen entspannt bleiben. Ihre Handflächen liegen sich gegenüber, ohne sich zu berühren, und die Daumen sind weggestreckt. Schwingen Sie nun Arme und Schultern von einer Seite zur anderen. Sie werden feststellen, daß dies keinen besonderen Kraftakt darstellt. Verlagern Sie auch Ihr Körpergewicht von rechts nach links, ganz so, wie dies auch beim vollen Schwung geschieht. Achten Sie darauf, daß auch die Schultern von der einen Seite zur anderen drehen und die Arme der kreisförmigen Bewegung folgen. Nunmehr haben Sie die Basis des Golfschwungs geschaffen.

Je weiter Sie bei dieser Übung zurück- und durchschwingen, desto mehr sollten Sie auf die Daumen achten, die nach oben zeigen, wenn die Arme die Hüfthöhe erreichen und in etwa parallel zum Boden stehen. Entwickeln Sie ein Gefühl für die Rotation der Unterarme während des Durchschwungs. Spüren Sie auch, wie im Rück- der rechte und im Durchschwung der linke Arm abwinkelt. Vorrangig ist aber darauf zu achten, den Körper zu drehen, und gleichzeitig die Arme folgen zu lassen, ohne sie anzuheben – die Quintessenz eines guten und wiederholbaren Golfschwungs. Dieser Übung kann sowohl im Freien als auch zu Hause nachgegangen werden. Sie lehrt dem Körper die Bewegung durch den Treffmoment hindurch, jene Schwungphase, in der sich entscheidet, wohin der Ball fliegen wird. In meinen Augen handelt es sich hierbei um die effizienteste Übung beim

***Beide Bilder links:* Ihre Handflächen liegen sich gegenüber, während die Arme in der Ansprechposition locker von den Schultern herabhängen. Die Daumen werden etwas nach vorne gestreckt, damit Sie den von den Handgelenken gebildeten Winkel besser spüren können. Schwingen Sie die Arme von einer Seite zur anderen, wobei die Schultern ganz natürlich mitdrehen. Zu Beginn des Rückschwungs erfolgt kein Handgelenkeinsatz, richten Sie aber die Daumen zum Himmel, wenn die Hände die Hüfthöhe erreicht haben. Das gleiche gilt auch für die Durchschwungseite.**

Aufbau des Golfschwungs. Wenn Sie nun mit einem Schläger schwingen, haben Sie sich bereits mit dem Schwung vertraut gemacht und ein Gefühl für den Armeinsatz entwickelt.

Übung 2

Es folgt die komplette Körperdrehung sowohl im Rück- als auch im Durchschwung. Sie wissen, daß bei einer korrekten Ansprechposition der Oberkörper aus den Hüften heraus nach vorne gebeugt ist. Spannen Sie nun einen Schläger unterhalb des Nackens und greifen Sie ihn mit beiden Händen. Wenn Sie nun Ihre Schultern in den Rückschwung hinein drehen, ist zu beachten, daß sich der Winkel des Rückgrats nicht verändert. Sie werden Ihre Schultern problemlos um 90 Grad und ihre Hüften um 45 Grad drehen können, während ihr rechtes Knie etwas angewinkelt bleibt und sich die linke Ferse nicht vom Boden löst. Wenn Sie den Schaft beobachten, können Sie bei dieser Übung genau feststellen, wie weit Ihre Schultern drehen und wie weit Ihre linke Schulter drehen muß, um unter das Kinn zu gelangen. Drehen Sie anschließend durch die Ausgangsposition hindurch zur Zielseite und vergewissern Sie sich, daß nun die rechte Schulter unter das Kinn gedreht hat, während der Winkel des Rückgrats erneut nicht verändert wurde. Im Unterschied zum Rückschwung wird bei der Drehung zur Zielseite die Gewichtsverlagerung deutlicher betont. Das rechte Knie bewegt sich zum linken hin, die rechte Ferse löst sich vom Boden, bis nur noch die rechten Zehen das Gleichgewicht unterstützen. Zuletzt wird die rechte Schulter etwas angehoben, ganz wie dies im Schwung-Finish auch der Fall ist. Die Schultern haben nunmehr um 110 bis 120 Grad gedreht, das Gewicht lastet auf der linken Ferse und die Hüfte zeigt zum Ziel. Diese Übung ist insbesondere hilfreich für Amateure, die auf diese Weise aus einer guten Ansprechhaltung heraus die Schulterdrehung und Gewichtsverlagerung trainieren. Gingen alle Golfer regelmäßig dieser Übung nach, hätten sie weitaus weniger Probleme, den Schläger regelmäßig auf der richtigen Ebene zu schwingen. Denken Sie daran, daß der Kopf nicht ruhig gehalten werden muß, sondern sich – der Schulterdrehung folgend – im Rückschwung etwas nach rechts bewegen darf. Es ist übrigens so gut wie unmöglich, den Kopf während des Schwungs ganz ruhig zu halten. Golfer, die glauben, dies zu tun, bewegen den Kopf zumeist genauso viel, wie Golfer, die erst gar nicht danach trachten. Wenngleich an der »Kopf ist ruhig zu halten«-Theorie schon ein Fünkchen Wahrheit ist, würde ich Ihnen doch raten, diesen Ratschlag zu ignorieren und sich statt dessen darauf zu konzentrieren, wie sich der Kopf im Verhältnis zur Körperdrehung bewegen sollte. Drehen Sie nun in die Treffmomentposition und führen Sie dabei die rechte Schulter unterhalb des Kinns vorbei. Erneut verändert sich der Winkel des Rückgrats nicht! Viele Golfer neigen

Oben und rechts: **Eine der Schlüsselübungen beim Erlernen des Golfschwungs – die Körperdrehung, eine der wichtigsten Komponenten des Golfschwungs. Klemmen Sie sich einen Schläger hinter die Schultern und beziehen Sie Ihre Ansprechposition. Während der Drehung in den Rückschwung sollte der Schlägerschaft auf einen Punkt etwa drei Meter von Ihnen entfernt zeigen – und nicht zum Ball.**

Übung 2

Übung 2

dazu, in dieser Schwungphase den Oberkörper nach unten zu drücken, weil sie zu sehr mit Beinen und Hüften schieben. Dadurch taucht der Kopf nach unten und muß im weiteren Verlauf des Schwungs wieder angehoben werden – womit zuviele Bewegungen in den Schwung hineinspielen, was Unbeständigkeit zur Folge haben wird. Versuchen Sie, den Kopf während des ganzen Schwungs auf einer Höhe zu halten, aber lassen sie ihn ruhig der Körperdrehung nach links und rechts folgen.

Übung 3

Eine ähnliche Übung bringt Ihnen die Bewegung der Hüfte während des Schwungs näher. Beziehen Sie die Ansprechposition und halten Sie einen Schläger gegen Ihre Hüfte. Achten Sie auf das herausgestreckte Gesäß, damit sich der richtige Winkel zwischen Oberschenkel und Rückgrat bildet. Drehen Sie die Hüften zunächst um 45 Grad in den Rückschwung, kehren Sie dann in die Ausgangsposition zurück und setzen Sie den Schwung schließlich in den Durchschwung hinein fort, bis die Hüfte, um 90 Grad nach links gedreht, zum Ziel zeigt. Im Treffmoment wird die Hüfte um etwa 20 bis 30 Grad zur Zielseite gedreht sein (sie zeigt also nicht mehr zum Golfball). Während des Abschwungs dreht der Unterkörper etwas schneller als die Schultern, so daß eine maximale Schlägerkopfgeschwindigkeit erzielt werden kann. Achten Sie bei dieser Übung darauf, daß sich im Finish das Gewicht auf das linke Bein verlagert hat. Spüren Sie, wie der größte Teil des Gewichts auf der linken Ferse lastet!

Übung 4

Das beste Schwunggefühl erhalten Sie, indem Sie die Bewegungen spiegelbildlich zu beiden Seiten ausführen. So, wie Sie den Körper in den Rückschwung bewegen, führen Sie dann in der Vorwärtsbewegung genau die umgekehrten Bewegungen aus. Dies gilt nicht nur für die Körperdrehung, sondern auch für den Armschwung und das Abwinkeln der Handgelenke. Vergessen Sie nicht: Hierbei handelt es sich nicht um die Beschreibung des Schwungs, sondern um die des Gefühls, das Sie während des Schwungs empfinden sollten. Für diese Übung empfehle ich, höchstens einen Dreiviertel-Schwung auszuführen und zunächst ohne Ball zu trainieren. Spüren Sie, wie die rechte Schulter im Rückschwung weg- und die linke Schulter zum Ziel zurückdreht. Im Rückschwung streckt sich dann der linke Arm, um den Schwungradius vorzugeben, der rechte indes streckt sich durch den Treffmoment hindurch. Im Rückschwung führt die Schwungebene den Schlägerschaft über die rechte Schulter, im Durchschwung wird eine spiegelbildliche Position angestrebt, d. h. der Schaft endet nun über der linken Schulter. Das Gewicht wird im Rückschwung etwas nach rechts und mit der Beschleunigung zum Ziel völlig nach links verlagert. Nach einer Weile können Sie

Rechts: **Um die Bewegung des Unterkörpers zu trainieren, legen Sie sich einen Schaft auf die Hüfte. Im Rückschwung sollten Sie eine 45-Grad-Drehung anstreben. Im Treffmoment zeigt die Hüfte zum Ball, in der Endhaltung sollte die Hüfte gerade zum Ziel zeigen.**

Kein durchgestreckter linker Arm!

Die Vorstellung, den linken Arm während des Schwungs durchgestreckt halten zu müssen, hat verheerende Auswirkungen. Das Problem liegt in der Fachsprache, denn »gerade« oder »gestreckt« wird jeweils mit etwas »Festes« oder »Gestrecktes« assoziiert.

Denken Sie daher nicht an »gerade« oder »durchgestreckt«, sondern an »entspannt und nicht angewinkelt«. Stellen Sie sich den Golfschwung als etwas Zweigeteiltes vor, bei dem der Durchschwung das Spiegelbild des Rückschwungs darstellt und die Gewichtsverlagerung durch den Treffmoment hindurch deutlich betont werden muß. Gleichermaßen, wie sich der rechte Ellbogen im Rückschwung beugt, muß sich auf der gegenüberliegenden Schwungseite auch der linke abwinkeln. Dies ist wichtig, um Tops oder Slices zu vermeiden.

Sie müssen den Unterschied verstehen zwischen einem vollem Schwung und dem, bei dem Sie in verschiedenen Positionen anhalten, um Ihre Haltung zu überprüfen. Beim vollen Schwung bewirken die Fliehkräfte während der Beschleunigung, daß sich die Arme durch den Treffmoment hindurch automatisch etwas mehr strecken. Dies wird jedoch nicht dadurch erreicht, daß Sie schon im Vorfeld des Treffmoments versuchen, den linken Arm bewußt gerade zu halten. Diese verkrampfte Versteifung wird eher das Gegenteil des Gewünschten bewirken: Die Schlagfläche bleibt geöffnet, die Folge ist ein Slice. Die während des Golfschwungs erzeugte Zentrifugalkraft führt den Schlägerkopf automatisch auf einer konstanten Schwungrichtung um den Körper. Ein Vorgang, der durch den durchgestreckten steifen linken Arm behindert werden würde.

mit dieser Übung auch einige Bälle schlagen.

Übung 5

Die letzte Übung verdeutlicht das Verhältnis zwischen Armschwung und Körper. Erinnern Sie sich, daß im Rückschwung die Arme aufwärts schwingen, während der Körper nach rechts dreht und daß die Handgelenke abwinkeln, sobald sie die Hüfthöhe erreicht haben. Von diesem Moment an wird sich der rechte Ellbogen bis zum Ende des Rückschwungs weiter abwinkeln, wodurch er nach unten und zum Körper zeigt. Der linke Arm bleibt entspannt gestreckt, wodurch die Arme eng beieinander bleiben. In der zweiten Rückschwungphase sollten Sie fühlen, wie auch das rechte Handgelenk abwinkelt. Um diese Bewegung zu trainieren, legen Sie Ihre linke Hand an den rechten Oberarm. Dabei halten Sie die rechte Handfläche offen, damit das Abwinkeln des Handgelenks noch deutlicher spürbar wird. Die gleiche Übung ist auch zur Durchschwungseite hin (bis zur Dreiviertel-Position) auszuführen. Dabei greifen Sie mit der rechten Hand an den linken Oberarm, wobei Sie die linke Hand offen halten. Während der Drehung zur Zielseite wird der linke Ellbogen und das linke Handgelenk von selbst abwinkeln.

Rechts: **Sie legen Ihre linke Hand auf den rechten Oberarm und drehen den Körper. Spüren Sie, wie der rechte Arm natürlich abwinkelt und wie die rechte Hand darauf reagiert.**

Der Treffmoment

Alle bislang erlernten elementaren Schwungaspekte sind auf das Ziel ausgerichtet, mit einem kraftvollen, wiederholbaren Schwung den Ballflug zu kontrollieren. Mit solch einem Schwung werden Sie auf dem Golfplatz nicht nur sehr erfolgreich sein, sondern auch viel Spaß haben. Jede bislang erlernte Schwungphase zielt auf die Position im Treffmoment ab. Zeit daher, Ihnen näherzubringen, »weshalb« der Golfball »wie« fliegt. Der Treffmoment zwischen Schlagfläche und Ball dauert nicht länger als 450 Millisekunden, ein Zeitraum, in dem der Schlägerkopf 18 Millimeter zurücklegt.

Während diesem Sekundenbruchteil überträgt der Schlägerkopf Informationen, die – unabhängig von äußeren Einflüssen wie beispielsweise Seitenwind – den Ballflug (gerade, nach links, nach rechts, niedrig, hoch, kraftvoll, lasch, etc.) bestimmen. Alles, was Sie bislang in den Schwungaufbau investiert haben, spiegelt sich im Treffmoment wieder. Er ist der Moment der Wahrheit, in dem sich zeigt, wie gut Ihr Schwung tatsächlich ist. Vergessen Sie dabei nicht: Ein effizienter Golfschwung ist nicht das bewußte Schlagen nach dem Ball, sondern ein Schwung durch den Treffmoment, bei dem der Ball »zufällig« im Wege liegt.

Jeder Golfer sollte über gewisse Kenntnisse der Ballfluggesetze und der in den Treffmoment hineinspielenden Faktoren verfügen.

Auf den folgenden Seiten gehe ich auch darauf ein, wie die Treffmomentfaktoren während des Schwungs zu kontrollieren sind. Dabei wird erneut die Bedeutung einiger inzwischen bekannter Schlüsselbewegungen und -positionen verdeutlicht.

***Links:* Auf einer kreisförmigen Schwungrichtung wird der Schlägerkopf um den Körper herum zum Treffmoment hin geschwungen. Er nähert sich innerhalb der Ball-Ziel-Linie dem Ball und wird nach dem Treffmoment, wieder in einem leichten Bogen nach innen, weiter schwingen. Der Ball muß daher an der Stelle liegen, wo der Schlägerkopf die Ball-Ziel-Linie kreuzt.**

Stellung der Schlagfläche

Die Schlägfläche sollte im Treffmoment square, d. h. im 90-Grad-Winkel zur Ball-Ziel-Linie, stehen. Die Stellung der Schlagfläche ist die wichtigste Richtungskontrolle, die Schwungrichtung die zweitwichtigste. Golf ist ein Spiel der Schlagflächenkontrolle, denn wenn sie square zum Ball kommt, wird der Ballflug niemals unpräzise ausfallen.

Ergo: Eine gute Schlagflächenkontrolle bewirkt eine gute Schwungrichtung.

Wir haben der korrekten Ausrichtung der Schlagfläche schon in den Kapiteln »Ansprechposition« und »Griff« viel Raum gewidmet. Im

✓ RICHTIG ✓

Die Schlagrichtung wird weitgehend von der Stellung der Schlagfläche im Treffmoment bestimmt. Die Schlagfläche muß square, also im rechten Winkel zur Ball-Ziel-Linie, auf den Ball treffen.

✗ FALSCH ✗

Eine »offene« Schlagfläche zeigt rechts vom Ziel, wodurch der Ball wahrscheinlich dorthin startet und im weiteren Flugverlauf noch mehr nach rechts abdrehen wird. Eine offene Schlagfläche bewirkt Seitendrall, der mit abnehmender Ballfluggeschwindigkeit immer stärker zum Tragen kommt.

✗ FALSCH ✗

Eine »geschlossene« Schlagfläche zeigt links vom Ziel. Der Ball erhält Linksdrall und wird nach links starten und abdrehen.

Kapitel »Der Schwung« haben wir uns damit befaßt, die Führungskante der Schlagfläche (»Leading edge«) auf halbem Rück- und Durchschwung zur 11.30-Uhr-Stellung auszurichten. Befassen Sie sich nicht allzu intensiv mit Ihrer Position im Treffmoment, sondern versuchen Sie vielmehr, die Schlagfläche zwischen diesen beiden Schwungabschnitten korrekt zu schwingen. Auf diese Weise wird sie square auf den Ball treffen.

Schwungrichtung

Die Stellung der Schlagfläche ist zwar der Schlüssel zur Richtungskontrolle. Es gilt aber auch, den Schläger im Rückschwung in einem leichten Bogen um den Körper zu schwingen, ihn auf dem gleichen Bogen zurück zum Ball und durch den Treffmoment hindurch zu führen, und den Schläger schließlich im Durchschwung erneut in einem leichten Bogen um den Körper herum in die Endhaltung hinein zu schwingen. Aus Sicht des Spielers verläuft der Schwung dabei ellipsenförmig: Damit der Ball gerade fliegt, muß er genau in dem Moment getroffen werden, wenn sich Schwungrichtung und Ball-Ziel-Linie treffen, die Schlagfläche also wieder rechtwinklig steht. Sie haben gelernt, den Ball etwa 10 Zentimeter innerhalb der linken Ferse zu plazieren und daß Schultern, Hüfte, Knie und Fußspitzen parallel zur Ball-Ziel-Linie auszurichten sind.
Dies sind die wichtigsten Faktoren, um die Schwungrichtung kontrollieren zu können. Während des Schwungs ist aber auch darauf zu achten, daß der Schlägerschaft auf halbem Rück-, ebenso wie auf halbem Durchschwungweg parallel zur Ball-Ziel-Linie verläuft. Dies gewährleistet eine korrekte Schwungrichtung, während sich der Schläger abwärts der Ball-Ziel-Linie nähert, fördert aber gleichzeitig auch die korrekte Schwungebene. Die Arme schwingen um das Schwungzentrum (Brustbein) herum zunächst auf-, dann abwärts, um den Ball kraftvoll und kontrolliert zu treffen.

Eintreffwinkel

Stellen Sie sich eine sehr flache Untertasse vor – so stellt sich, bildlich gesprochen, auch der Eintreffwinkel dar … Der Schlägerkopf schwingt progressiv abwärts, erreicht schließlich fast die Bodenebene, bevor er – nachdem er dort die Rückseite des Balles getroffen hat – wieder nach oben geschwungen wird. Der Eintreffwinkel kann von Schläger zu Schläger variieren, mit dem Eisen wird beispielsweise weitaus deutlicher nach unten geschwungen (um zu gewährleisten, daß der Ball vor dem Boden getroffen wird) als beim Abschlag mit aufgeteetem Ball (wo man einen stumpfen Eintreffwinkel anstrebt, damit der Schlägerkopf im Treffmoment den Ball vom Tee »fegt«). Es gibt viele Faktoren, die den Eintreffwinkel beeinflussen können. Einige davon sollten nunmehr noch einmal unter die Lupe genommen werden: Überprüfen Sie zunächst in einem Spiegel, ob Ihre Hände in der Ansprechposition über (oder ein wenig vor) dem Ball sind. Vermeiden Sie es, die Hände zu weit nach vorne zu drücken (ein sehr weitverbreiteter Fehler!). Denn da-

Im Treffmoment muß der Eintreffwinkel relativ stumpf sein. Beim Eisenschlag wird der Ball getroffen, bevor der Schlägerkopf den Boden berührt. Bei einem soliden, sauber getroffenen Schlag nähert sich der Schlägerkopf in einem flachen Bogen dem Ball und steigt unmittelbar nach dem Treffmoment wieder in einem flachen Bogen an.

durch wird der Eintreffwinkel zu steil; wertvolle Schlägerkopfgeschwindigkeit geht verloren. Sind die Hände in der Ansprechposition indes zu weit hinter dem Ball, wird der Schläger zu früh in den Boden treffen. Die Folge wäre ein drastischer Verlust an Schlagweite. Ein dynamischer Golfschwung setzt auch eine Gewichtsverlagerung in die Richtung voraus, in die der Schläger geschwungen wird (im Rückschwung nach rechts, im Durchschwung nach links). Im Treffmoment sollte Ihr Körpergewicht größtenteils auf der Zielseite lasten, wodurch der Eintreffwinkel so steil wird, daß beispielsweise der Eisenschläger erst den Ball und dann den Boden trifft. Wenn der Boden zu früh getroffen wird, fand zuvor, meistens während des Rückschwungs, zwar eine korrekte Gewichtsverlagerung nach rechts statt, doch wurde das Gewicht in der Folge nicht nach links verlagert. Im schlimmsten Fall schiebt der Golfer im Rückschwung das Gewicht nach links und im Treffmoment nach rechts. Die Auswirkungen dieses »Reverse pivot«, auch Kippschwung genannt, sind fatal!

Sweetspot

Die meisten Golfer haben eine sportliche Vergangenheit, die zumeist im Tennis oder Squash liegt. Viele kennen daher das befriedigende Gefühl, einen Tennisball mit dem Zentrum des Schlägers, dem Sweetspot, zu treffen. Das gleiche gilt für den Golfschläger! Selbst mit einem Schwung, der sich kraftlos anfühlt, kann der Ball erstaunlich weit geschlagen werden, wenn er mit der Mitte der Schlagfläche getroffen wird. Dem auch für den Spieler spürbaren soliden Treffmoment folgt ein weit fliegender Ball. Der Sweetspot befindet sich im Zentrum der Schlagfläche, wobei er beim Eisen auch etwas zur Schlägerkopfferse hin gelegt sein kann. Wird der Ball mit der Schlagflächenspitze des Eisens getroffen, büßt er bis zu 30 Prozent seiner Schlagweite ein und weicht um einige Meter nach rechts von der Ideallinie ab. Der Ball kann allerdings nur beständig mit der Mitte der Schlagfläche getroffen werden, wenn Sie über einen gefestigen Schwung verfügen und ausreichend trainiert haben, um Ihre Hand-Augen-Koordination zu fördern. Es ist eine große Herausforderung, den Golfball mit seinen nur 43 Millimeter Durchmesser mit der sehr kleinen Schlagfläche des Schlägers zu treffen.

1. Machen Sie viele Probeschwünge, bei denen Sie stets versuchen, einen kleinen Fleck auf dem Boden zu treffen. 2. Überprüfen Sie den korrekten Abstand zum Ball in der Ansprechposition. Während Ihre Arme locker herabhängen, sollten sie Ihre Brust leicht berühren. Der Abstand zwischen linker Hand und linkem Oberschenkel sollte beim Eisen 6 etwa 20 Zentimeter betragen.

Schlägerkopfgeschwindigkeit

Der Durchschnittsgolfer sollte versuchen, unabhängig von der Schlägerwahl bei jedem vollen Schlag den gleichen Schwung auszuführen. Es gibt keinen Grund, die Schwunggeschwindigkeit zu verändern, um verschiedene Schlagweiten abzudecken. Diese Aufgabe übernimmt der jeweilige Schläger! Sie sollten relativ langsam mit einem ruhig ausgeführten Rückschwung beginnen und im Abschwung zum Treffmoment hin sukzessive schneller werden. Der Widerstand im Treffmoment wird die Schlägerkopfgeschwindigkeit ausreichend abbremsen, um den Schläger in eine kontrollierte Endhaltung gelangen zu lassen. Variieren müssen Sie die Schlägerkopfgeschwindigkeit allerdings bei den kleinen Schlägen ums Grün herum, bei denen Sie keinen vollen Schwung ausführen müssen. Das gleiche gilt für den Putter, bei dem die Länge des Rückschwungs die Schlagweite bestimmt. Bei vollen Schlägen ist die maximale Schlägerkopfgeschwindigkeit im Treffmoment das Endprodukt zahlreicher Einflüsse aus Ansprechhaltung und Schwungtechnik. Wenn auch Sie zu längeren Schlägen gelangen möchten, sind zunächst die elementaren Schwungaspekte wie Ansprechposition und insbesondere Griff sowie Griffdruck zu überprüfen. Drehen Sie im Rückschwung voll auf und schwingen Sie den Schlägerkopf frei und ungebremst durch den Treffmoment hindurch.

Schwingen mit verschiedenen Schlägern

Der Anfänger sollte die Schwungbewegung mit nur einem Schläger erlernen, im Idealfall mit dem Eisen 6. Üben und trainieren Sie mit diesem Schläger, bis Sie die fundamentalen Aspekte des Schwungs erlernt haben,

Plazieren Sie den Ball jeweils 10 Zentimeter innerhalb der linken Ferse, während der rechte Fuß insbesondere bei längeren Schlägen etwas weiter nach außen verrückt wird. Diese Veränderung der Gewichtsverteilung in der Ansprechposition beeinflußt den Eintreffwinkel. Bei kurzen Eisen liegt mehr Gewicht auf dem linken Fuß, dadurch wird mehr nach unten geschwungen, beim Driver wird das Gewicht mehr auf die rechte Seite verlagert, wodurch der Ball vom Tee gefegt wird.

denn die dabei immer gleiche Schlägerlänge erleichtert das Wiederholen des Bewegungsablaufes. Auch später sollten Sie, wann immer Sie an Ihrer Schwungtechnik arbeiten, auf diesen Schläger zurückgreifen. Bevor ich auf die Unterschiede zwischen den verschiedenen Golfschlägern eingehe, möchte ich betonen, daß die Schwungtechnik – von geringfügigen Veränderungen abgesehen – für alle Schläger gilt. Auf die Schlägerwahl werde ich später noch zu sprechen kommen. Denn bevor Sie sich mit den entsprechenden Stand- und Schwunganpassungen auseinandersetzen, gilt es, die spielerischen Eigenschaften eines jeden Schlägers zu kennen und zu verstehen.

Die Schläger unterscheiden sich wie folgt: 1. Der Loft, die Neigung der Schlagfläche im Verhältnis zur Vertikalen, variiert. Als Grundsatz gilt: Je höher die Zahl auf der Schlägerkopfsohle, desto größer ist der Loft. Der Loft bestimmt die Flugbahn des Balles und somit seine Schlag- und Rollweite. Je höher die Flugbahn, desto schneller wird der Ball nach der Landung stoppen. 2. Die Länge des Schlägerschaftes verändert sich von Schläger zu Schläger um normalerweise 13 Millimeter, wobei zwischen dem Eisen 3 und dem Holz 5 ein größerer Längenunterschied besteht. Ein längerer Schaft vergrößert den Schwungbogenumfang, wodurch mehr Schlagweite erzielt wird. Der kürzere Schaft der Loft-reicheren Eisen verheißt indes mehr Kontrolle. 3. Der Lie-Winkel verändert sich von Schäger zu Schläger um normalerweise 1 Grad, wobei erneut ein größerer Sprung zwischen dem längsten Eisen und dem kürzesten Holz besteht. Der Lie-Winkel wird zwischen Schaft und Boden gemessen und bestimmt, wie der Schlägerkopf auf dem Boden aufliegt und wie weit vom Ball entfernt Sie Ihre Ansprechposition einnehmen. 4. Es verändert sich von Eisen (schmales Schlägerblatt) zu Holz (halbrunder Schlägerkopf) auch die Schlägerkopfform.

Die Anpassung der Schwünge an die verschiedenen Schläger ist ein Bereich, der Golfer häufig verwirrt, nicht zuletzt aufgrund der widersprüchlichen Erklärungen von Golflehrern, Büchern und Videos. Eigentlich variiert – je nach dessen Spielstärke – von Spieler zu Spieler nur die Ballposition. Hieraus ergibt sich die Frage, welche Richtlinie man einem Durchschnittsgolfer empfehlen sollte. Ich plädiere ausdrücklich dafür, grundsätzlich mit jedem Schläger gleich zu schwingen und den Ball beim vollen Schlag etwa 10 Zentimeter innerhalb der linken Ferse zu plazieren.

Mit dem Eisen 6 haben Sie bereits gelernt, die linke Ferse aus der Ausgangsposition heraus um 10 Zentimeter nach links und den rechten Fuß um etwa die doppelte Entfernung nach rechts zu stellen. Damit liegt der Ball nun – frontal betrachtet – etwas links des Brustbeines. Dies ist der Punkt, an dem der Schwungbogen seinen tiefsten Punkt erreichen und dort auf die Rückseite des Balles treffen wird. Der Schläger schwingt sehr schnell durch den Treffmoment hindurch, somit wird dies auch die Stelle sein, an der die Schlagfläche square, sprich im 90-Grad-Winkel, zur Ball-Ziel-Linie steht. Eine gute Richtungskontrolle ist somit gewährleistet.

Vom Schläger bestimmt wird die Ansprechhaltung und wieweit Sie vom Ball entfernt stehen sollten. Als Faustregel gilt für die mittleren Eisen, daß zwischen dem linken kleinen Finger und dem linken Oberschenkel ein Abstand von etwa 20 Zentimetern bestehen sollte.

Allerdings ist auch hier Flexibilität angesagt, da diese Angabe von Spieler zu Spieler, je nach Körpergröße und Wohlgefühl, variieren kann. Am höchsten Punkt des Rückschwungs wird das Eisen 6 über Ihrer rechten Schulter sein – eine Bestätigung, daß eine korrekte Schulterdrehung und ein Armschwung auf der richtigen Ebene erfolgt sind. All diese Angaben werden Ihnen helfen, eine gute Vorstellung der Schwungebene zu erhalten.

Kürzere Eisen

Ich möchte Ihnen nun erklären, wie sich der Schwung – ganz von selbst – den verschiedenen Golfschlägern anpaßt. Beginnen möchte ich dabei mit den kürzeren Eisen, in diesem Fall mit dem Eisen 9. Dieser Schläger ist kürzer und steht etwas aufrechter. Er ist absichtlich so konzipiert, damit Sie sich bequem näher zum Ball stellen können und die Schlägerkopfsohle trotzdem flach auf dem Boden aufliegt. Erinnern möchte ich an dieser Stelle, daß Lie-Winkel und Schlägerlänge den erforderlichen Abstand zum Ball vorbestimmen. Sie müssen also diesbezüglich keinerlei Gedanken an etwaige Veränderungen verschwenden. Passen Sie sich vielmehr einfach dem Schläger an und verringern Sie im Vergleich zu Schlägern mit längeren Schäften Ihren Abstand zum Ball. Sie stehen nun näher zum Ball und Ihre Hände sind etwas näher am Oberschenkel, als bei längeren Schlägern. Beim Schlag mit einem kurzen Eisen geht es insbesondere um Beständigkeit, Präzision und

Eisen 6

Kontrolle der Flugweite. Zunächst verändern Sie den Eintreffwinkel im Treffmoment, indem Sie Ihre Standbreite verringern und die Gewichtsverteilung (60 Prozent des Gewichts nach links, 40 Prozent nach rechts) anpassen. Dies bewirkt, sofern Sie

Diese Bilder zeigen die Ansprechhaltung und die Position am höchsten Punkt des Rückschwungs beim Schlag mit dem Eisen 6. Grundsätzlich bestimmt der Winkel des Rückgrats, der sich während des Schwungs nicht verändern darf, die Schwungebene. Die Arme schwingen den Schläger nach oben, bis er sich über der rechten Schulter und die Hände sich auf Kopfhöhe befinden. Die Linie von Ball über Schwungzentrum (Brustbein) zu den Händen bestätigt hier die gute Schwungebene.

Eisen 9

Das Eisen 9 hat mehr Loft, sein Lie-Winkel ist aufrechter und sein Schaft kürzer. Als Konsequenz hieraus stehen Sie im Vergleich zum Schlag mit längeren Eisen näher zum Ball und Ihr Oberkörper ist etwas mehr gebeugt. Der Schwung aber muß sich genauso anfühlen, wie bei jedem anderen Schläger auch, der Schläger wird auch jetzt kreisförmig um den Körper herum geschwungen. Der einzige Unterschied besteht darin, daß Ihre Arme mehr nach oben schwingen und somit eine steilere Schwungebene bewirken.

Ihren normalen Schwung ausführen, einen steileren Eintreffwinkel, wodurch Sie zuerst den Ball und dann den Boden treffen und gegebenfalls ein kleines Divot herausschlagen.
Der Schwung paßt sich den Veränderungen in der Ansprechposition an, wodurch die Schwungebene steiler wird und sich die Schultern – bedingt durch die stärkere Neigung des Oberkörpers – weniger drehen. Sie müssen sich aber nicht auf diese Veränderungen konzentrieren, sondern so schwingen, wie Sie dies gelernt haben. Wenn es überhaupt einen bewußten Gedanken während des Schwungs gibt, so ist dies in meinen Augen der, die Schwunggeschwindigkeit bewußt ruhig und ausgeglichen zu halten. Denn ein ruhiger, flüssiger Schwung bewirkt ein besseres Gleichgewicht und mehr Kontrolle.
Natürlich reduziert sich durch den kürzeren Schaft und den geringeren Abstand zum Ball die Länge des Rückschwungs. Ihre Schultern haben nun weniger Bewegungsraum zum Drehen, wodurch Ihre Arme deutlich mehr nach oben schwingen. Beim Schlag mit dem Eisen 9 geht es mehr um Präzision als um Länge. Der kürzere Rückschwung ist hier von Vorteil, wenngleich Sie auch hierauf keinen Gedanken verschwenden sollten. Denken Sie niemals bewußt an Schwunganpassungen, sondern lediglich an Veränderungen in der Ansprechposition.

Driver

Betrachten wir uns nun die notwendigen Schwunganpassungen beim Holz 1. Dieser Schläger hat einen Loft von etwa 11 Grad, einen deutlich längeren Schaft und einen flacheren Lie-Winkel, wodurch sich der Abstand zum Ball in der Ansprechposition vergrößern muß. Ein schlechter Schwung wirkt sich nun deutlicher auf das Schlagergebnis aus, weil der größere Schwungbogen schwieriger zu kontrollieren ist. Das Spiel mit längeren Schlägern setzt viel Training voraus, um das notwendige Vertrauen und die Hand-Augen-Koordination aufzubauen. Doch die Schwunganpassungen an sich sind einfach und bestehen im wesentlichen im genauen Gegenteil zu dem, was man beim Schlag mit dem Eisen 9 berücksichtigen mußte. Stellen Sie das Holz 1 hinter den Ball, der so aufgeteet wird, daß seine Mittellinie auf gleicher Höhe mit der oberen Kante des Schlägerkopfes ist. Sie müssen weiter vom Ball entfernt stehen, wodurch der Oberkörper etwas weniger gebeugt sein wird, wohingegen sich der Abstand zwischen linker Hand und linkem Oberschenkel vergrößert. Beginnen Sie die Ballansprache wieder mit geschlossenen Füßen, versetzen Sie dann den linken Fuß um 10 und den rechten um 30 Zentimeter zur Seite. Um optimale Standstabilität zu erreichen, werden beide Fußspitzen um 20 Grad nach außen gedreht. Sie benötigen diesen breiteren Stand, um während des Schwungs das Gleichgewicht zu halten. Verteilen Sie das Gewicht in der Ansprechposition zu 60 Prozent nach rechts und zu 40 Prozent nach links. Ihre linke Körperhälfte wird sich etwas gedehnt, die rechte indes komprimiert anfühlen. Bei einer normalen

Diese Aufnahmen zeigen die Ansprechhaltung und die Position am höchsten Punkt des Rückschwungs mit dem Driver. Die Schwunglänge hat sich beachtlich vergrößert, der Schlägerschaft liegt parallel zur Ball-Ziel-Linie und waagrecht zum Boden.

Schwungbewegung wird der Schlägerkopf im Treffmoment leicht ansteigen, womit der Ball nach vorne geschlagen wird, was maximale Flug- und Rollweite verspricht.
Durch den größeren Abstand zum Ball in der Ansprechposition sowie die aufrechtere Körperhaltung werden Sie freier drehen und der Schläger wird sich auf einer flacheren Schwungebene um den Körper herum bewegen. Dies macht sich besonders am höchsten Punkt des Rückschwungs bemerkbar. Der Schläger ist zwar erneut auf Schulterhöhe, aber diesmal etwas weiter hinten. Überprüfen Sie diese Haltung in einem Spiegel! Auch die Schwunglänge wird sich etwas vergrößern, aber erneut sollten Sie dem keine Beachtung schenken, ist es doch – eine normale Schwungbewegung vorausgesetzt – die logische Konsequenz aus der veränderten Ansprechposition. Im Vergleich zu allen Golfschlägern ist die Schulterdrehung beim Schlag mit dem Driver am größten, im Idealfalle wird der Schlägerschaft am höchsten Punkt des Rückschwungs parallel zur Ball-Ziel-Linie liegen. Dies ist zwar kein ausschlaggebender Faktor, aber ein guter Anhaltspunkt für einen vollen Rückschwung. Als Schwunggedanke sollte Ihnen dienen, den Schwung erneut ruhig einzuleiten, um dann konsequent durch den Treffmoment hindurch zu beschleunigen.

Checkliste

❍ Beginnen Sie die Trainingsarbeit stets mit Ihrem »Lernschläger«. Dabei sollte es sich um einen Schläger handeln, der Ihnen vertraut ist und der viel Loft hat, wie beispielsweise das Eisen 6.

❍ Bei kürzeren Eisen verringert sich der Abstand zum Ball. Die Körperhaltung ist nun gebeugter, die Hände liegen näher am linken Oberschenkel.

❍ Bei den kürzeren Eisen paßt sich der Rückschwung automatisch den Veränderungen in der Ansprechposition an: Er wird steiler und kürzer.

❍ Bei längeren Schlägern vergrößert sich der Abstand zum Ball sowie zwischen Händen und linkem Oberschenkel. Die Körperhaltung ist aufrechter.

❍ Verteilen Sie in der Ansprechposition das Gewicht je nach gewünschter Schlägerstellung im Treffmoment.

❍ Auf komplizierte Anpassungen der Ballposition im Stand sollten Sie verzichten. Sie erweisen sich nur bei sehr guten Spielern als sinnvoll und erfolgversprechend.

Das kurze Spiel

Jeder Golfer muß begreifen, daß das Spiel nicht nur daraus besteht, den Ball weit und gerade zu schlagen. Eine besondere Bedeutung kommt auch den fundamentalen Aspekten des kurzen Spiels zu. Obwohl Sie anfangs im Training den Schwerpunkt auf die Schwungtechnik legen sollten, werden Sie über kurz oder lang keine akzeptablen Scores erzielen, solange Sie nicht auch die Putts, Chips, Pitches und Bunkerschläge beherrschen.
Betrachten wir einmal die Statistiken: Der fortgeschrittene Golfer führt etwa 55 Prozent seiner Schläge aus einer Entfernung von 35 Metern zur Fahne aus. Bei allen Spielern sind 42 oder gar 43 Prozent aller Schläge einer Runde Putts. Diese Zahlen führen eindrucksvoll vor Augen, daß dieser Spielbereich auf keinen Fall ignoriert werden darf. Als Anfänger sollten Sie sich, wie gesagt, zunächst mit der Schwungtechnik befassen. Doch sobald Sie beginnen, auf dem Platz zu spielen, sollten Sie Ihre Trainingsarbeit mehr auf die Kunst des Scorens, also das kurze Spiel, verlagern. Normalerweise nimmt ein fortgeschrittener Golfer nur selten (wenn überhaupt!) eine Unterrichtsstunde im Putten. Auch wird zumeist die Bunker-Schwungtechnik so lange vernachlässigt, bis endlich ein traumatisches Erlebnis auf dem Platz die Wende herbeiführt. Golfer verwechseln nicht selten Pitch und Chip, entscheiden sich zum falschen Zeitpunkt für den falschen Schläger und verlassen sich meistens ausschließlich auf ihr Glück.
Als Anfänger sollten Sie wild entschlossen sein, die vier Paradeschläge des kurzen Spiels zu erlernen. Am besten noch bevor Sie das nächste Mal auf den Platz gehen! Als fortgeschrittener Spieler sollten es Ihnen Ihre Scores wert sein, die Technik zu überprüfen.

Beim Schlag aus dem Grünbunker *(links)* wird der Ball auf einem Sandkissen aus dem Hindernis heraus geschlagen.

Es gibt eine falsche Einstellung gegenüber dem kurzen Spiel – eine, an die sich aber die Mehrheit der Golfer halten. Golfer wie Golferinnen nehmen am Anfang Unterrichtsstunden, um die langen Schläge zu erlernen. Sie trainieren, entwickeln auch einen guten Schwung und schaffen schließlich die Platzreife. Von diesem Moment an glauben sie, für alle Eventualitäten gerüstet zu sein. Vom Abschlag und auf dem Fairway überzeugen sie dann auch mit guten Schlägen. Doch sobald sie die Grünnähe erreichen, gehen sie konzeptionslos zu Werke. Sie bitten Mitspieler um Rat, hören sich die groben Schlagtechnik-Erklärungen an und überlassen im großen und ganzen alles dem Zufall. Das Problem besteht darin, daß ein Spieler keine kontrollierten kurzen Schläge ausführen kann, solange er die entsprechende Schwungtechnik nicht gelernt und trainiert hat. Otto-Normalgolfer ist aber überzeugt, daß Putten einzig eine Frage des Gefühls sei – was nicht zutrifft. Tatsache ist, daß alle Schläge des kurzen Spiels ebenso konsequent und zielstrebig gelernt sein wollen wie der volle Schwung.
Es gibt eine Theorie, wonach man zunächst das Putten erlernen sollte, ehe man zu den längeren Schlägen übergeht. Aus didaktischer Sicht macht dies auch durchaus Sinn. Aber den begeisterten Anfänger drängt es nun mal danach, weite Schläge zu machen. Ich rate daher zu einem Lern- und Trainingsprogramm, bei dem mit dem kurzen Spiel begonnen wird, sobald der volle Schwung erlernt ist. Vernachlässigen Sie niemals Ihr kurzes Spiel! Schließlich geht es beim Golf darum, die 18 Löcher mit dem niedrigst möglichen Score zu meistern. Diese Aufgabenstellung meistern Sie am besten, wenn Sie die Schläge aus 30 bis 40 Metern zum Loch beherrschen.
Am effizientesten lernt man das kurze Spiel, indem man sich von »hinten nach vorne« durcharbeitet. Will heißen, man beginnt mit den Putts, es folgen Chips und Pitches und schließlich der Schlag aus dem Grünbunker. Es handelt sich dabei um eine systematische Methode, bei der man zunächst erlernt, den rollenden Ball zu kontrollieren, ehe der mehr rollende als fliegende, dann der mehr fliegende als rollende und schließlich das Spiel aus dem Sand folgt. Es gilt, ein eigenständiges kurzes Spiel aufzubauen und nicht darum, den vollen Schwung dabei auf ein Minimum zu reduzieren. An dieser Stelle möchte ich auf die Bedeutung des Selbstvertrauens für Ihr gesamtes Golfspiel hinweisen. Denn Vertrauen ist das Produkt des Erfolges! Lernen Sie zunächst die korrekte Technik verschiedener Schläge und trainieren Sie diese, um Ihr Muskelgedächtnis zu stärken. Gute Ergebnisse werden dann nicht lange auf sich warten lassen. Wenn Sie sich hingegen auf eine falsche Technik verlassen, wird Ihr Spiel ums Grün zu wünschen übrig lassen. Als Ergebnis werden Sie Ihr Selbstbewußtsein nicht lange aufrechterhalten können!
Während Sie in diesem Abschnitt die verschiedenen Schwungtechniken des kurzen Spiels erlernen, sollten Sie beachten, wie hierbei eine Schlagvariante die nächste nach sich zieht. Es handelt sich bei Putt, Chip, Pitch und Bunkerschlag nicht um vier verschiedene Schläge mit vier verschiedenen Schwüngen; sondern es ist eine Serie, bei der ein Schlag auf dem vorangegangenen aufbaut und der Schläger jeweils so eingesetzt wird, daß Ballflug und -roll ideal und wunschgemäß ausfallen. Bei allen vier Schlägen bleiben Schwungtempo und -rhythmus weitgehend gleich, auf einen ruhigen Rückschwung folgt eine entschlossene Beschleunigung durch den Treffmoment hindurch. Selbst der schwierigste Schlag muß entschlossen ausgeführt werden – mit einer konsequenten Beschleunigung des Schlägerkopfes zum Ziel und einem Takt, der sich in etwa wie

»1/3 zurück, 2/3 vor« anfühlt. Die Weite, die der Ball zurücklegt, wird von der Länge des Rückschwungs bestimmt, die Schwunggeschwindigkeit bleibt bei allen Schlägen des kurzen Spiels gleich. Eine kontrollierte Beschleunigung durch den Treffmoment verheißt Beständigkeit, wobei die optimale Beschleunigung durch die Länge des Rückschwungs vorgegeben ist. Auf diese Weise werden Sie die kurzen Schläge am leichtesten erlernen und am schnellsten ein Gefühl für deren richtige Dosierung erhalten. Beachten Sie die Gemeinsamkeiten, nicht die Unterschiede! Beginnen Sie das Training mit den Grundlagen des Puttens, dabei entwickeln Sie das Gefühl für verschiedene Entfernungen, auf das Sie in der Folge aufbauen können.

Der Putt

Die beste Definition, die ich für das Putten kenne, ist: ein Spiel innerhalb des Spiels. Man könnte das Putten auch als Miniausgabe des normalen vollen Schwungs bezeichnen, bei der ein Schläger benützt wird, der den Ball rollen läßt, statt ihn in die Luft zu schlagen. Viele Golfer versuchen das Geheimnis des Puttens zu lüften, indem sie den Putter wechseln oder sich an einer neuen Schwungvariante versuchen. Dabei ist erfolgreiches Putten das Ergebnis der korrekten Anwendung fundamentaler Schwungaspekte und eines konstruktiven Trainings. Das Ziel beim Training besteht darin, Gefühl zu entwickeln, hinter dem sich wohl so etwas wie Kontrolle über den Körper verbirgt. Dieses Gefühl läßt den Körper die Bewegung ausführen, die zuvor vom Gehirn in Auftrag gegeben wurde. Viele Golfer versuchen sich am Putten, ohne dabei eine konkrete Vorstellung über die elementaren technischen oder auch mechanischen Abläufe zu haben. Der Lernerfolg bleibt dabei natürlich aus. Dabei ist die Erfolgsformel einfach: 1. Entscheiden Sie sich für einen Putter, der Ihnen optisch gefällt. 2. Berücksichtigen Sie die fundamentalen Aspekte des Putt-Schlages. 3. Trainieren Sie anhand einiger Übungen die beständige Wiederholbarkeit der Schlagtechnik. 4. Entwickeln Sie auf dem Platz schon vor dem Schlag ein Gefühl dafür, wie der Ball auf die Beschaffenheit und Neigung des Grüns reagieren wird. Die elementaren Aspekte der Putt-Technik sind dabei nicht strikt einzuhalten, sie dienen nur als Ausgangsbasis. Denn wenn es im Golf einen Bereich gibt, der eine individuelle Vorgehensweise erlaubt, so ist dies das Putten.

***Links:* Ein perfektes Putt-Erlebnis ist die gelungene Kombination zwischen Richtungskontrolle und Entfernungsgefühl.**

Schwierig ist die Kontrolle des Putter-Schlägerkopfes. Es ist daher wichtig, daß Sie sowohl bequem als auch ausbalanciert vor dem Ball stehen. Später, mit fortschreitender Golferfahrung, können Sie Ihre Körperhaltung verändern. Dem Durchschnittsspieler indes ist zu empfehlen, sich an die elementaren Puttaspekte zu halten – sie ersparen ihm zeitaufwendiges Experimentieren.

Die Grundlagen des Puttens

Beginnen Sie mit einem ebenen, eventuell leicht ansteigenden Drei-Meter-Putt. Im Interesse einer besseren Kontrolle empfehle ich, auf den Handschuh zu verzichten. Der Schlägerkopf wird – rechtwinklig zur Ball-Ziel-Linie – hinter den Ball gestellt, wobei die Sohle des Schlägerkopfes parallel zum Boden verlaufen, also ganz aufliegen sollte. Sie stehen relativ nah am Ball. Der Griff ist weitgehend der gleiche wie beim vollen Schwung, wenngleich auch mit einigen wichtigen Veränderungen.

1. Die linke Hand wird in eine »schwächere« Position hinein etwas nach links gedreht, der Handrücken zeigt zum Ziel. Der linke Daumen liegt mittig auf dem Schlägergriff – und zeigt nicht etwas nach rechts, wie dies beim vollen Schwung der Fall wäre. 2. Ich plädiere beim Putten für den Reverse-overlapping-Griff (linker Zeigefinger über den Fingern der rechten Hand, rechter kleiner Finger liegt auf dem linken Mittelfinger auf). Diese Griffveränderungen verringern den Einsatz der Handgelenke. Sie ermöglichen somit ein minimales Abwinkeln der Hände und einen entsprechend rhythmischen, kontrollierten Schlag. Beide Daumen liegen auf der abgeflachten oberen Seite des Puttergriffbandes, beide Handteller stehen sich gegenüber. Zuletzt verlangt ein sanfter Schlag auch nach einem leichten Griffdruck.

Beim Einnehmen der Ansprechposition halten Sie Ihre Hände etwas höher. Sie bringen die Arme zum Körper, indem Sie die Ellbogen etwas nach außen abwinkeln. Je mehr Sie dabei die Handgelenke abwinkeln, desto weniger können diese in den Schlag einwirken. Der größtmöglichen Kontrolle steht somit nichts mehr im Wege. Die Ellbogen liegen leicht am Körper an, die Füße stehen relativ nah am Ball. Frontal betrachtet sind die Hände oberhalb des Balles oder gar ein wenig davor, niemals aber hinter dem Ball.

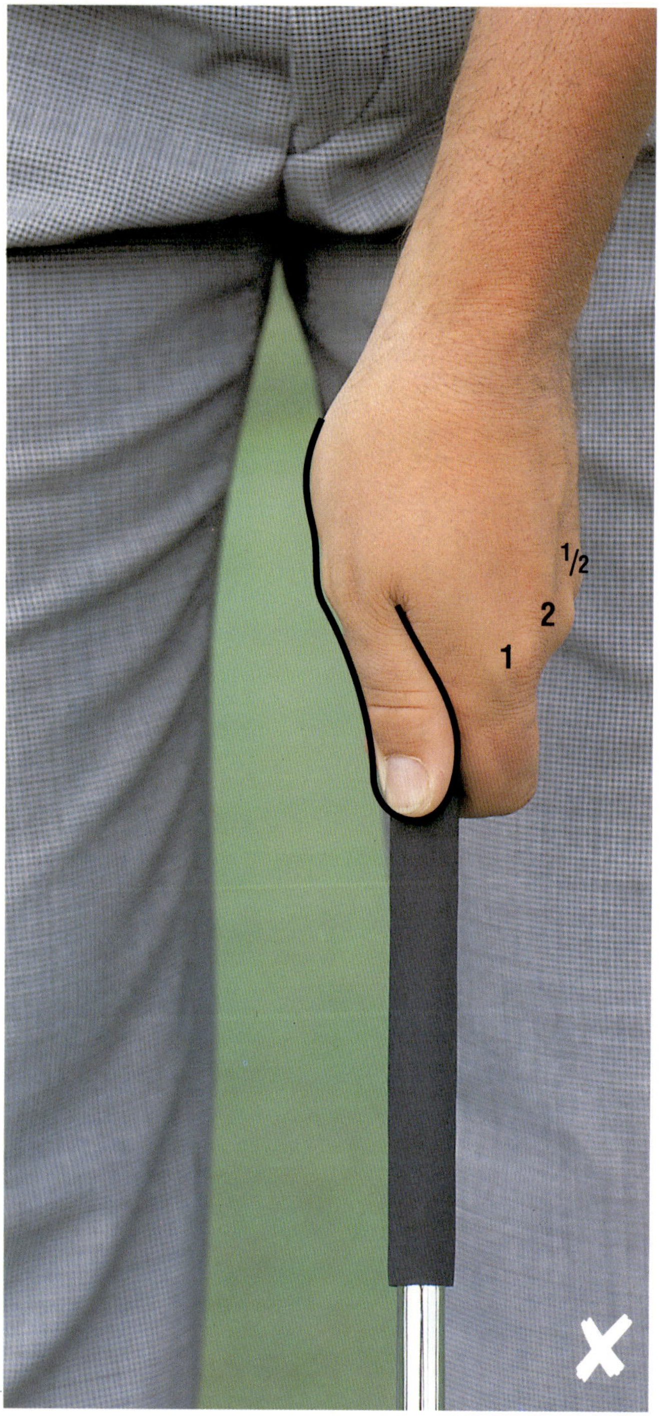

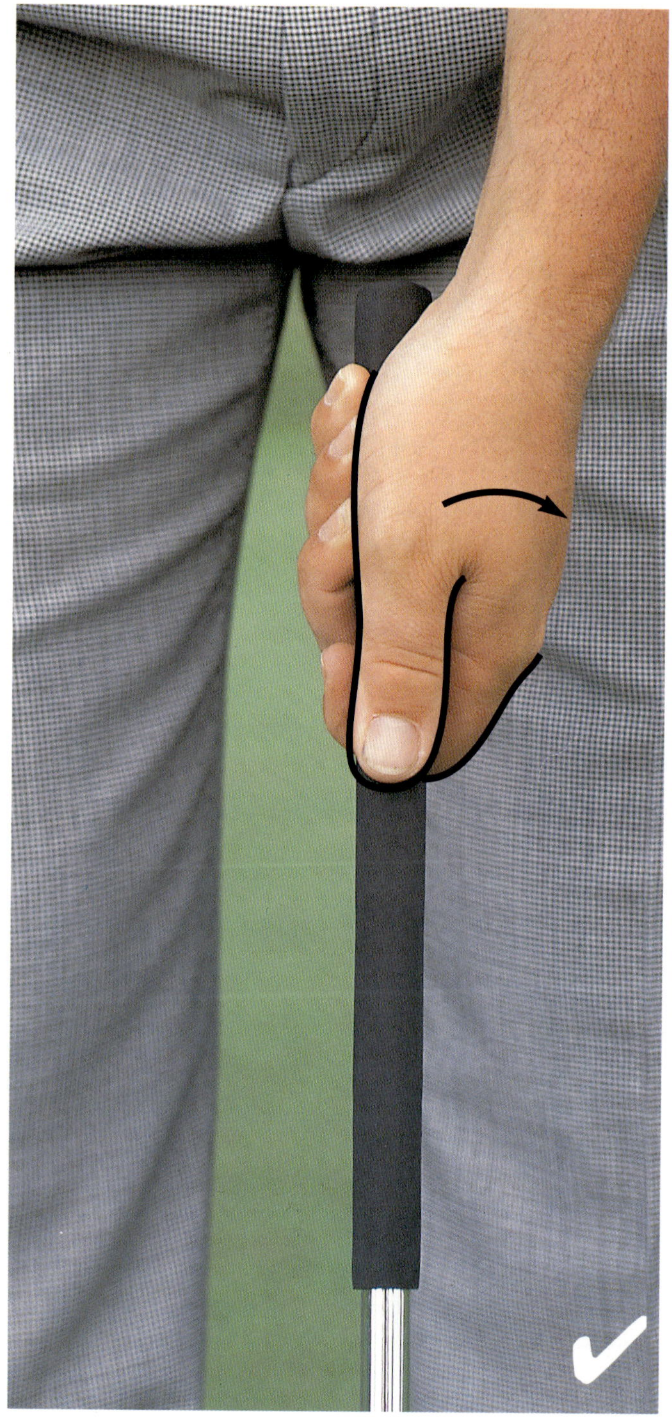

Beim vollen Schwung liegt die linke Hand so auf dem Schlägergriff, daß der Daumen rechts der Mitte verläuft und zwei Fingerknöchel sichtbar sind. Für die Puttbewegung indes wird die linke Hand nach links gedreht. Dies minimiert das Abwinkeln der Handgelenke und verbessert die Schlagflächenkontrolle im Treffmoment.

Beugen Sie sich aus der Hüfte so weit nach vorne, bis Ihre Augen auf Ballhöhe sind. (Wenn Sie nun einen Ball vor den Augen fallen lassen, trifft dieser genau auf den am Boden liegenden Ball.) Die Augen sind über – und parallel – der Ball-Ziel-Linie. Sie beugen ein wenig Ihre Knie, was maximale Stabilität verspricht. Ihre Füße stehen etwa 30 Zentimeter auseinander, der Ball liegt etwas vor der Standmitte. Bei dieser Körperhaltung verläuft Ihre Schulterpartie weitgehend parallel zum Boden. Überprüfen Sie, daß Schultern, Hüften, Knie und Zehen parallel zur Ziellinie verlaufen. Aus dieser vollendeten Ansprechposition heraus sollten Sie

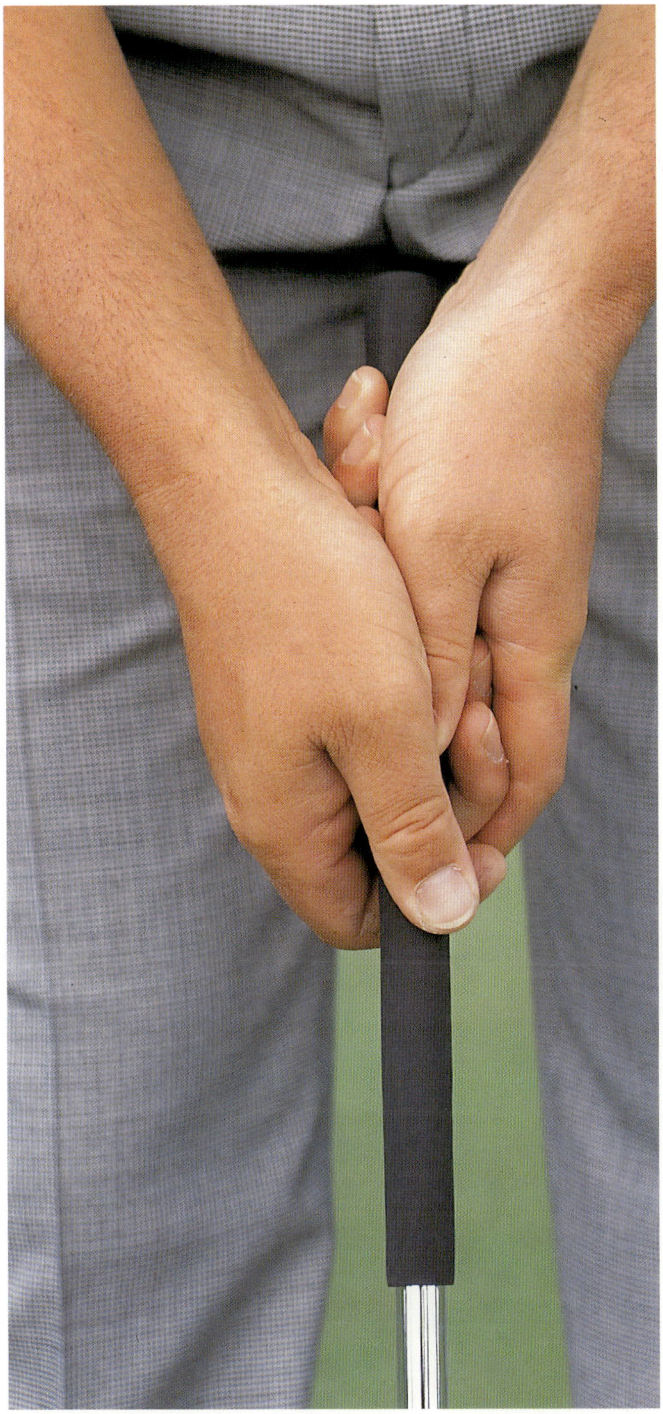

beim Blick zum Loch nur noch den Kopf drehen, nicht aber den Oberkörper aufrichten, denn sonst verändern Sie Ihre gute Körperhaltung.
Für eine gute Putt-Technik ist zunächst das Schwungzentrum zu lokalisieren, dieses liegt zwischen Ihren Schultern oder inmitten Ihres Oberkörpers. Bei einem guten Putt

Am besten fürs Putten geeignet ist der Reverse-overlapping-Griff, bei dem der linke Zeigefinger über den rechten Fingern liegt und somit das linke Handgelenk stabilisiert. Dieser Griff verhindert ein Abwinkeln der Handgelenke, was ein Verdrehen der Schlagfläche und somit eine schlechte Richtungskontrolle zur Folge hätte.

bleibt dieses Schwungzentrum weitgehend bewegungslos, Arme und Schultern führen den Schläger um das Schwungzentrum herum. Schultern und Arme bilden dabei eine Einheit, die während des Rückschwungs stabil bleibt. So trifft die Schlagfläche im Treffmoment square auf den Ball und verdreht sich nicht, was der Fall

Oben: Der Oberkörper wird so nach vorne gebeugt, daß die Augen auf Ballhöhe sind. Die Unterarme werden etwas nach außen gedreht, die Ellbogen liegen etwas am Körper an. Ein leichtes Anheben der Hände verhindert ein frühzeitiges Abwinkeln der Handgelenke, was einen Verlust der Schlägerkopfkontrolle zur Folge hätte. Wenn Sie einen Ball auf Augenhöhe loslassen, wird er unmittelbar hinter dem Schlägerkopf zu Boden fallen und Ihnen Ihre korrekte Körperhaltung bestätigen.

Rechts: Die Putt-Bewegung erfolgt ausschließlich aus Armen und Schultern heraus, Hüfte, Beine und Handgelenke werden nicht bewegt. Der Schlägerkopf wird durch den Treffmoment hindurch beschleunigt. Gewöhnen Sie sich gleich an, die Länge des Rückschwungs halb so lang zu halten wie die des Durchschwungs, dies ist ein Garant für eine stetige Beschleunigung durch den Ball und einen soliden Ballkontakt. Beachten Sie, daß Arme und Schultern um das Schwungzentrum unterhalb der Schulterpartie bewegt werden und daß sich der Ellbogenwinkel nicht verändert.

wäre, wenn sich der Winkel der Arme im Verhältnis zum Körper verändern würde. Der Schlägerkopf wird flach entlang des Bodens zurückgeführt. Auch wenn es zunächst scheint, als würde er ganz gerade geführt, so folgt er von einem bestimmten Schwungmoment an doch einem leicht runden Schwungbogen. Dies geschieht bei einem längeren Rückschwung ganz natürlich. Viele Golfer versuchen aber, ein völlig gerades Zurückführen zu erzwingen, was falsch ist. Ein etwas abgerundeter Schwungbogen um den Körper herum ist natürlich, die Schlagfläche wird sich dabei auch etwas nach rechts des Ziels verdrehen. Im Treffmoment jedoch wird sie wieder square zur Ball-Ziel-Linie stehen. Versuchen Sie nicht, die Schlagfläche während des ganzen Schwungs rechtwinklig zur Ball-Ziel-Linie zu halten, dies würde die Schulter-Arme-Verbindung und somit die Grundlage für einen soliden Schlag verändern. Am »höchsten« Punkt

Links: **Während der Puttbewegung wird sich der Schlägerkopf beim Rück- und Durchschwung auf einem leicht abgerundeten Bogen bewegen, der bei sehr kurzen Putts gar nicht wahrnehmbar ist. Beim Rück- und Durchschwung wird der Schlägerkopf etwas innerhalb der Ziellinie sein, im Treffmoment aber wieder parallel verlaufen. Versuchen Sie auf keinen Fall, durch ein bewußtes Halten des Schlägerkopfes auf der Ball-Ziel-Linie diesen natürlichen Schwungbogen zu bekämpfen.**

Ein »Klopfen« des Putters löst die Anspannung

Gutes Putten verlangt nach einem leichten Griffdruck und nach einer entspannten Körperhaltung. Verkrampfte Muskeln führen den Schläger nicht so sanft durch den Ball, als daß dieser konstant zum Loch rollen könnte. Wenn Sie die Tendenz haben, vor dem Ball zur Salzsäule zu erstarren, sollten Sie den Putterkopf gegen den Boden »klopfen«, ihn also während der Ansprechposition etwas auf und ab bewegen. (Denken Sie aber daran, daß Sie qua Golfregeln dabei nichts auf der Ziellinie herunterdrücken dürfen!) Das »Klopfen« hilft Ihnen, so wie das »Waggeln« beim Eisen- und Holzschlag, eine lockere Ansprechposition zu finden.

des Rückschwungs, etwa 15 Zentimeter vom Ball entfernt, sollten Sie spüren, daß Ihre Handgelenkposition unverändert geblieben ist, ohne daß Sie hierfür besondere Anstrengungen aufbieten mußten. Die Bewegung durch den Ball ist das Rückschwungspiegelbild zur anderen Seite. Verändert hat sich nur die Schwunggeschwindigkeit, denn der Schlägerkopf wird durch den Ball hindurch (bis etwa 30 Zentimeter durch den Ball) beschleunigt. Trainieren Sie den Richtungswechsel, den sanften, ruhigen Rückschwung und die kontrollierte Beschleunigung im Durchschwung. Während des Richtungswechsels erfolgt ein minimales Abwinkeln der Handgelenke, was die Bewegung flüssig erscheinen läßt und verhindert, daß sie sich verkrampft anfühlt. Eine flüssige, sanfte Puttbewegung vermittelt mehr Schlagflächenkontrolle.

✗ FALSCH ✗

Der verbreitetste und fatalste Fehler beim Putten: Der Oberkörper wird nach dem Treffmoment zu schnell angehoben, die Schultern drehen zu sehr zum Ziel und das Gewicht verlagert sich auf die rechte Seite.

Gerade zurück – oder etwas nach innen?

Viele Golfer versuchen beim Putten, den Schlägerkopf gerade zurückzuführen. Sie glauben, eine geringere Abweichung von der Ziellinie bewirke eine bessere Schwung- und Ballkontrolle und somit eine höhere Erfolgsquote. Dies entspricht aber nur bei sehr kurzen Putts mit entsprechend kurzem Rückschwung den Tatsachen. In allen anderen Fällen sollte der Putter einem natürlichen Bogen folgen. Die Putt-Bewegung ist die Miniversion eines vollen Schwungs. Auch wenn dabei die Körperhaltung eine andere ist, so wird der Schlägerkopf doch noch immer etwas um den Körper herum geschwungen. Selbst wenn der Schlägerkopf im Rückschwung etwas innerhalb der Ball-Ziel-Linie geführt wird, so wird er im Treffmoment doch parallel dazu verlaufen. So beherzigen Sie die gleichen Prinzipien, die für alle Bereiche des Golfspiels gelten, ohne die Technik von einem Schlag zum nächsten entscheidend verändern zu müssen.
Es macht auch keinen Sinn, sich auf zwei verschiedene Putt-Techniken zu verlassen – eine für die kurzen, eine für die langen Putts. Zweifelsohne ist es einfacher, sich nur auf einen Bewegungsablauf zu konzentrieren.

Diese Übung zeigt, wie Sie beim Putt die korrekte Ansprechhaltung einnehmen. Aufrecht stehend und den Putter mit dem Reverse-overlapping-Griff sanft haltend, heben Sie Ihre Handgelenke an. Winkeln Sie nun Ihre Arme – aus den Ellbogen heraus – nach außen, während Ihre Oberarme am Oberkörper bleiben. Wenn Sie Ihren Oberkörper nun über den Ball beugen, sind Sie in der idealen Putt-Körperhaltung.

Das Dosieren der Schlagweite

Zuallererst gilt es, sich einen Standard-Putt über nur eine Entfernung zu arbeiten, der im Idealfalle drei Meter lang ist. Bei diesem Drei-Meter-Standard-Putt wird der Schlägerkopf im Rückschwung 15 Zentimeter vom Ball weggeführt und 30 Zentimeter durch den Ball hinaus durchgeschwungen, wobei einer konstanten Beschleunigung besonderes Augenmerk geschenkt wird.

Die optimale Beschleunigung beim Putt

Der Durchschnittsgolfer sollte sehr gewissenhaft vorgehen, wenn er den Schlägerkopf des Putters kurz zurückführt und ihn dann sanft durch den Treffmoment hindurch beschleunigt. Merken Sie sich: »1/3 zurück, 2/3 durch«. Die optimale Beschleunigung für den Schlag wird erreicht, wenn der Putter halb soweit zurück- wie durchgeschwungen wird. Gutes Putten hängt davon ab, inwieweit Sie die Rollweite kontrollieren. Hierauf wiederum hat Ihre Einschätzung der Grün-Geschwindigkeit maßgeblichen Einfluß. Dies ist außergewöhnlich schwierig, wenn Sie sich nicht auf eine beständige Putt-Technik verlassen können. Wird die Aufgabenstellung doch nur schwer lösbar, wenn der Ball unterschiedlich schnell von der Schlagfläche abprallt, weil sich Ihr Schlag von Mal zu Mal verändert. Der »1/3 zurück, 2/3 durch«-Putt-Gedanke verlangt zwar nach Übung, erlaubt Ihnen aber, den Kontakt zwischen Ball und Schlägerkopf besser zu kontrollieren. Der gravierendste Fehler, den ich immer wieder beobachte, besteht im zu weiten Zurücknehmen des Schlägerkopfes, der dann zum Treffmoment hin verlangsamt wird. Dieses Verringern der Schlägerkopfgeschwindigkeit ist der häufigste Grund für Unbeständigkeit! Ebenso fatal ist allerdings auch das andere Extrem, bei dem der Schläger nur kurz zurückgenommen und dann hart zum Ball geführt wird. Es gilt ein Gefühl dafür zu entwickeln, daß Ihr Armschwung gemeinsam mit der Pendelbewegung der Schulter agiert. Die linke Schulter bewegt sich im Rückschwung nach unten, während die rechte angehoben wird, im Durchschwung passiert genau das Gegenteil. Sollten Sie die Schultern nicht bewegen, müßten Sie kompensierend die Arme strecken und wieder anwinkeln, was zu Unbeständigkeit führen würde. Schwingen Sie um Ihr Schwungzentrum herum und halten Sie dabei Ihren Unterkörper und Ihren Kopf absolut ruhig!

Halten Sie Ihre Position im Durchschwung! Heben Sie den Kopf nicht an und drehen Sie Ihre Schultern nicht zum Loch! Lernen Sie, den Schlägerkopf knapp oberhalb des Bodens zu schwingen, ohne dabei das Gras zu berühren (Bodenkontakt unterbricht den Schlag!). Dies erreichen Sie durch einen leichten Griffdruck und indem Sie den Putter während der Ballansprache nur leicht aufsetzen, anstatt ihn gegen den Boden zu drücken.

Die Kontrolle der Schlagfläche

Faustregel: Im Treffmoment diktiert die Stellung der Schlagfläche zu 90 Prozent die Schlagrichtung, die Schwungrichtung hat gerade mal 10 Prozent Einfluß. Richtungskontrolle setzt daher beim Putten in erster Linie Schlagflächenkontrolle voraus. Sie müssen genau wissen, wie sich die Schlagfläche durch den Treffmoment hindurch verhält, um maximale Kontrolle zu erzeugen und entsprechend gute Ergebnisse zu erzielen.

Es erscheint logisch, daß der Schlägerkopf einem natürlichen, leichten Bogen folgt. Die Position der Schlagfläche aber muß nicht zwingend diesem Bogen folgen. Während sich die Arme und Schultern zurück und vor bewegen, folgt die Schlagfläche dieser Bewegung. Sie wird sich im Rückschwung etwas nach rechts verdrehen und zum Treffmoment hin wieder square stellen. Weil die linke Hand etwas weiter links auf dem Schlägergriff liegt als beim vollen Schwung, wird die Schlagfläche im Durchschwung nicht unbedingt im 90-Grad-Winkel zur Schwungrichtung stehen. Im Rückschwung steht sie im rechten Winkel zum Schwungbogen, durch den Treffmoment und im Durchschwung indes wird sie durch das linke Handgelenk so stabilisiert, daß sie länger zum Loch zeigt. Die Gefahr einer frühzeitigen Verdrehung verringert sich. Zudem verhindert die Stellung der linken Hand den Einsatz der Handgelenke, die ihrerseits die Kontrolle verringern könnten. Wenngleich also die Schwungrichtung etwas rund verläuft, wird die Schlagfläche im Durchschwung zum Ziel zeigen – nicht nach links.

✗ FALSCH ✗
Ein verbreiteter Fehler ist, den Schlägerkopf krampfhaft gerade vom Ball wegzuführen, denn so verläßt er seine natürliche Schwungrichtung. Im Extremfall löst sich im Rückschwung der rechte Ellbogen vom Körper, wodurch es unmöglich wird, die Schlagfläche zu kontrollieren. Der Gedanke, den Schläger gerade zurück und durch den Ball zu führen, funktioniert nur bei sehr kurzen Putts!

Sie ist der konstante Faktor bei allen anderen Putts, der variable Aspekt ist die Länge des Rückschwungs. Testen Sie sich zunächst an einem Sechs-Meter-Putt! Führen Sie den Schlägerkopf etwa 25 Zentimeter weit zurück und beschleunigen Sie dann doppelt so lang durch den Ball hindurch. Die Beschleunigung an sich sollten Sie dabei nicht verändern, denn der längere Rückschwung allein bewirkt mehr Schlägerkopfgeschwindigkeit. Machen Sie nun einen Neun-Meter-Putt! Diesmal führen Sie den Schlägerkopf 30 Zentimeter weit zurück und wieder doppelt so lang durch den Ball. Erneut verändern Sie die Beschleunigung nicht, dennoch wird der Ball weiter ausrollen als beim Sechs-Meter-Putt mit seinem »nur« 25 Zentimeter langen Rückschwung. Nun wissen Sie, wie weit Ihr Ball wann ausrollt. Feilen Sie an dieser Kontrollmöglichkeit, die Sie auch an die Grün-Geschwindigkeiten anpassen müssen, die ja von Platz zu Platz verschieden sind. Übrigens: Die hier angegebenen Rückschwungweiten sind nur Anhaltswerte.

Mit zunehmendem Training dieses Dosierungskonzepts werden Sie zu einer individuellen Lösung finden, um sich jeder Puttlänge und Grün-Geschwindigkeit anpassen zu können.

Checkliste

❍ Unabhängig von Ihrer Spielstärke sollte das Putten nur 42 bis 43 Prozent all Ihrer Schläge ausmachen. Analysieren Sie Ihre Scores, um gegebenenfalls Trainingsschwerpunkte setzen zu können.

❍ Entscheiden Sie sich für einen qualitativ hochwertigen Putter, der Ihnen auch optisch gefällt. Er sollte einen idealen Loftwinkel vorweisen, über einen auf der oberen Seite abgeflachten Griff, ein angenehmes Gewicht und ein optisch ansprechendes Erscheinungsbild verfügen.

❍ Die Länge des Putters ist problemlos Ihren Anforderungen anzupassen.

❍ Die ideale Distanz, um das Putten zu lernen, beträgt drei Meter. Bei dieser Schlaglänge ist gut zu beobachten, wie sich der Schlägerkopf verhält. Gleichzeitig bleibt der Schwung kurz genug, um ihn kontrollierbar zu halten.

❍ Halten Sie sich beim Putten an den Standard-Griff, bei dem die linke Hand weiter links liegt. So minimieren Sie den Einsatz des linken Handgelenks.

❍ Die rechte Hand muß so liegen, daß die Handfläche zum Ziel zeigt. Dadurch wird die Richtungskontrolle verbessert.

❍ Beziehen Sie eine Ansprechposition, bei der die Hände angehoben, die Ellbogen nach außen abgewinkelt und der Oberkörper nach vorne gebeugt sind.

❍ Der Standard-Putt erfolgt aus Armen und Schultern. Der Unterkörper bleibt während des ganzen Schlages ruhig.

❍ Versuchen Sie nicht, den Schläger krampfhaft gerade zurückzuführen. Lassen Sie ihm vielmehr dem natürlichen Schwungbogen folgen. Dies fühlt sich möglicherweise gerade an, ist es aber nicht.

❍ Verkürzen Sie den Rückschwung, um deutlich durch den Treffmoment hindurch zu beschleunigen. So kontrollieren Sie die Rollweite.

❍ Verkürzen und verlängern Sie – je nach Entfernung – den Rückschwung. Diese Methode ist erfolgsverheißender, als sich auf das Gefühl zu verlassen.

Der Standard-Chip

Da viele Golfer diese beiden Schläge verwechseln, möchte ich zunächst auf den Unterschied zwischen Chip und Pitch eingehen. Der Chip ist ein flacher, hauptsächlich rollender Schlag, mit dem der unebene Boden vor dem Grün im Flug überwunden wird, ehe der Ball zur Fahne ausrollt. Der Pitch wird mit einem loftstärkeren Schläger ausgeführt. Er fliegt höher, landet sanfter und rollt nach der Landung weniger weit aus. Beim Pitch wird beispielsweise versucht, die Fahne über einen Hügel oder Bunker hinweg anzuspielen.

Deutlich unterscheiden möchte ich zwischen der einfachen Chip-Technik mit dem Eisen 7 oder der weitaus schwierigeren Variante, der sich bessere Spieler bedienen. Dabei werden Schläger mit mehr Loft verwendet, Schlag- und Ballkontrolle erfolgt

Beim Chip wird der Ball in der Mitte eines engen Standes plaziert, der linke Fuß ist weiter nach außen gedreht als der rechte. Die Hände sind schon bei der Ballansprache vor dem Ball. Je nach Entfernung verringern Sie die Länge des Rückschwungs, ehe Sie konsequent durch den Treffmoment hindurch beschleunigen. Das Gewicht bleibt auf der linken Seite, das rechte Knie bewegt sich im Durchschwung etwas in Richtung Ziel.

Seitlich betrachtet ist zu erkennen, daß der Ball weitaus näher zu den Füßen liegt als beim vollen Schwung. Für mehr Kontrolle wird der Schläger kürzer gegriffen. Der Rück- und Durchschwung erfolgt aus Schultern und Armen, eine leichte Hüftdrehung läßt den Schwung geschmeidig bleiben. Der Schlägerkopf wird im Rückschwung in einem leichten Bogen um den Körper, im Abschwung zurück zur Ball-Ziel-Linie und im Durchschwung wieder nach innen geschwungen. Verringern Sie gegebenenfalls die Länge des Rückschwungs, um bewußt durch den Ball zu beschleunigen.

durch die Ausholweite der Schwungbewegung. Beim Standard-Chip legt der Ball in der Regel 1/3 der Entfernung im Flug und 2/3 im Rollen zurück, wobei das genaue Verhältnis zwischen Flug- und Rollweite von Grün-Neigung und -Geschwindigkeit abhängt. Als Faustregel gilt, daß immer geputtet werden sollte, wenn das Gras zwischen Ball und Grünanfang gut und eben gemäht ist. Ist dies nicht der Fall, muß der Ball über die unebene Stelle gechippt werden, damit er erst auf dem Grün Bodenkontakt bekommt und zum Loch ausrollen kann. Pitchen Sie nur, wenn dies unbedingt notwendig ist. Der Schlag ist schwieriger als der Chip, und ein eventueller Fehlschlag kann schlimmere Folgen haben. Normalerweise werden Sie öfter Chippen als Pitchen, es sei denn, sehr kleine Grüns werden von Bunkern besonders gut verteidigt.

Beginnen Sie mit einem etwa 20 Meter langen Standard-Chip. Kontrolle ist bei diesem Schlag alles entscheidend, Sie greifen daher den

Schläger so kurz, daß der rechte Daumen fast schon den Schaft unterhalb des Schlägergriffbandes berührt. Sie greifen wie bei einem vollen Schwung, achten aber besonders auf einen leichten Griffdruck. Wichtig ist, daß die rechte Handfläche zum Ziel zeigt, dies garantiert eine gute Schlagflächenkontrolle während des Schwungs. Sie stehen nah zum Ball, der genau in der Mitte des Standes plaziert ist. Sie stehen eng und drehen Ihren linken Fuß um 20 Grad nach außen, während der rechte rechtwinklig zur Ball-Ziel-Linie bleibt. Ihr linker Arm ist bequem gestreckt, der rechte Ellbogen etwas zur Körperseite hin gewinkelt, so daß er »Tuchfühlung« mit Ihrem Bauch hat. Ihre Körperhaltung entspricht der beim vollen Schlag, nur Ihre Knie sind etwas mehr angewinkelt. Um die letzte Phase der Ansprechposition besser zu verinnerlichen, muß man die Schlagabsicht berücksichtigen. Die Schwungbewegung erfolgt aus den Armen und Schultern, die den Schlägerkopf – wie beim Putten – in einem flachen Bogen über den Boden führen. Im Gegensatz zum Putten gilt es beim Chip aber, den Boden leicht zu berühren. So treffen Sie den Ball solider und heben ihn leicht an, wenn er die Schlagfläche verläßt. Um einen zu frühen Bodenkontakt zu vermeiden, muß der Eintreffwinkel steiler als beim Putt sein. Dies erreichen Sie am besten, indem Sie Ihr Gewicht schon bei der Ballansprache deutlich nach links verlagern. Drücken Sie Ihre Hände nach vorne in Richtung Ziel

»Fühlen« Sie den flachen Annäherungsschlag

Die Chip-Technik ist relativ einfach, so Sie die elementaren Aspekte der Ansprechposition berücksichtigen und die Körperbewegungen auf ein Minimum reduzieren. Im wesentlichen erfolgt der Schwung aus den Armen und Schultern heraus, der Loft der Schlagfläche läßt den Ball so ansteigen, daß er die unebenen Stellen vor dem Grün im Flug überwindet. Manchmal erweist sich die Suche nach dem Gefühl für diesen Schlag allerdings als schwierig. Nachfolgende Übung wird Ihnen die Rolle der rechten Hand für die Schlägerkopfkontrolle verdeutlichen: Nehmen Sie die Ansprechposition ein, wobei Sie statt dem Schläger einen Ball in Ihrer rechten Hand halten. Schwingen Sie nun den Arm zurück und durch, wobei Sie den Ball im imaginären Treffmoment loslassen. Fühlen Sie, wie die Position der Handfläche – während der Schwungbewegung und beim Loslassen – bestimmt, wie weit der Ball fliegt und ausrollt. Die Handfläche muß auch nach dem Loslassen zum Ziel zeigen, nur so kann sie die Richtung kontrollieren. Wiederholen Sie die Übung mit einem Schläger, wobei Sie das gleiche Gefühl wie bei der Ballübung empfinden sollten.

Die Ballübung verhilft zu einem besseren Verständnis der Bedeutung der rechten Hand im Treffmoment und einer besseren Schlagvorstellung: Nehmen Sie einen Ball in die rechte Hand und lassen Sie ihn im Treffmoment los, ganz so, als führten Sie einen Chip aus.

und winkeln Sie das rechte Knie etwas nach innen an, bis zwei Drittel Ihres Gewichts auf der linken und ein Drittel auf der rechten Körperseite lastet. Durch die dem Schlägerkopf vorgelagerten Hände erzeugen Sie die Abwärtsbewegung, die den Ball wegschlägt, ehe der Schlägerkopf den Boden berührt.
Der Chip an sich ähnelt dem Putt. Der Schlägerkopf folgt im Rückschwung einem leichten Bogen, wobei er sich etwas öffnet. Die Bewegung erfolgt aus Armen und Schultern, im Idealfall bleiben Unterkörper und Kopf ganz ruhig. Die Handgelenke können Sie etwas abwinkeln, so bleibt die Schwungbewegung geschmeidig. Konzentrieren Sie sich darauf, die gleiche Schwunggeschwindigkeit beizubehalten wie beim Putt. Führen Sie den Schläger im Rückschwung nur etwa 30 Zentimeter vom Ball weg, um ihn dann sanft durch den Treffmoment hindurch zu führen und etwa 60 Zentimeter weit durchzuschwingen. Halten Sie das Finish, bis der Ball erkennbar unterwegs ist. Das Gewicht wird nicht nach rechts verlagert, sondern bleibt während des gesamten Schlages auf der linken Seite. Die rechte Ferse kann im Durchschwung sogar etwas angehoben sein. Fühlen Sie, wie die rechte Handfläche den Schlag kontrolliert, und verinnerlichen Sie sich, wie – und in welchem Umfang – Sie den Schlägerkopf durch den Treffmoment hindurch beschleunigen.
Erfahrene Golfer mögen die Schläger variieren, um sich verschiedenen Grün-Härten und -Geschwindigkeiten anzupassen. Ich plädiere aber dafür, immer mit dem gleichen Schläger zu chippen und zum Ausgleich der verschiedenen Entfernungen lediglich die Länge des Rückschwungs zu verändern. Zu Beginn sind drei Entfernungen zu trainieren, wie 18, 9 und 27 Meter. Bei kürzeren Entfernungen verringern Sie die Rückschwunglänge, beschleunigen dann sanft und schwingen etwa doppelt so weit durch. Beim 27-Meter-Chip verlängern Sie den Rückschwung und steigern das Beschleunigungstempo etwas. Trainieren Sie am Übungsgrün Ihre Chips, bis Sie alle erdenklichen Entfernungen abdecken.

Checkliste

❍ Benützen Sie für Chips zunächst nur einen Schläger, im Idealfalle das Eisen 7.

❍ Beim Standard-Chip wird der Ball 1/3 der Strecke im Flug und 2/3 im Rollen zurücklegen. (Variable je nach Grün-Geschwindigkeit und -Neigung.)

❍ Sie stellen sich etwas enger und näher zum Ball. Außerdem greifen Sie den Schläger etwas kürzer.

❍ Verlagern Sie das Gewicht schon bei der Ballansprache nach links, indem Sie die Hände zum Ziel drücken und das rechte Knie etwas nach innen winkeln.

❍ Die Schwungbewegung erfolgt aus Armen und Schultern. Am Ende des Rückschwungs werden die Handgelenke etwas abgewinkelt. Dies verheißt einen besseren Schwungrhythmus.

❍ Vermeiden Sie ein »Mitgehen« des Unterkörpers, insbesondere aber eine Gewichtsverlagerung nach rechts im Rückschwung.

❍ Machen Sie einen relativ kurzen Rückschwung und beschleunigen Sie sanft aber konsequent durch den Treffmoment hindurch.

❍ Verharren Sie am Ende des Durchschwungs im Finish. Das Gewicht ist links geblieben, das rechte Knie etwas zum Ziel gedreht.

Der Standard-Pitch

Beim Pitch gilt es, Hindernisse oder unebenes Gelände zu überspielen. Denken Sie daran, nur dann zu pitchen, wenn dies unbedingt erforderlich ist, weil der Schlag schwungtechnisch anspruchsvoller als der Chip und der Ballflug schwieriger zu kontrollieren ist. Viele Golfanfänger verwenden aus kurzen Entfernungen Schläger mit viel Loft, obgleich der Chip die bessere Schlagwahl wäre. Die goldene Regel im kurzen Spiel ist, sich jeweils für die einfachste Schlagvariante zu entscheiden, statt sich an schwierigen Schlägen zu versuchen.
Der Pitch zeichnet sich durch eine hohe Flugbahn des Balles aus, läßt den Ball sanft landen und relativ kurz ausrollen. Viele Golfer lernen den Pitch auf die »harte Tour«, indem sie auf dem Platz plötzlich mit der Situation konfrontiert werden, den Ball über einen Bunker zu einer direkt dahinter plazierten Fahne spielen zu müssen. Zudem haben nur die wenigsten Anfänger eine klare Idee dessen, wie die Schwungbewegung zu verändern ist, um den Ball hoch und kontrolliert zu schlagen. Dementsprechend verlassen sie sich auf die Ratschläge von Freunden. Der bessere Weg ist zweifelsohne,

den erforderlichen Schwung zu lernen und ihn außerhalb des Platzes solange zu trainieren, bis sich der Bewegungsablauf bequem und vertraut anfühlt. Am wichtigsten ist dabei, die Angst vor einem Fehlschlag zu überwinden, denn sie könnte den Schwung negativ beeinflussen. Jeder Mißerfolg führt zu einem verminderten Selbstvertrauen, jeder Erfolg zu einer positiveren Gesamteinstellung und entsprechend niedrigeren Scores.

Den Ausgangspunkt bildet ein 30-Meter-Pitch auf der Driving-Range oder ums Pitching-Grün. Als Schläger kommt ein Pitching- oder Sandwedge zum Einsatz, ein Schläger also mit mindestens 52 Grad Loft. So entscheidend der Loft für Flughöhe und Entfernungskontrolle auch ist, erst eine Anpassung der Schwungtechnik läßt ihn wirkungsvoll ins Schlaggeschehen eingreifen.

Greifen Sie den Schläger wie beim vollen Schlag und stellen Sie die Schlagfläche rechtwinklig zur Ball-Ziel-Linie. Überprüfen Sie, ob die rechte Handfläche, die später den Schwung kontrolliert, zum Ziel zeigt. Sie können den Schläger etwas kürzer greifen, um den Schwungradius zu reduzieren und somit die Kontrolle zu verbessern. Ihr linker Arm ist natürlich gestreckt, der rechte Ellbogen etwas gegen den Bauch gewinkelt. Sie stehen etwas näher zum Ball als beim vollen Schwung, beugen sich aber nicht übermäßig weit zum Ball. Vielmehr winkeln Sie aus einer guten Körperhaltung heraus nur die Knie etwas mehr an. Ihr Gesäß strecken Sie bewußt heraus, um den nötigen Platz für den Durchschwung zu schaffen. Sie achten auf einen leichten Griffdruck und eine entspannte Körperhaltung. Denken Sie daran: Angespannte Muskeln sind das Ende eines jeden Golfschlages!

Ich sehe es gerne, wenn Schultern und Hüften im Verhältnis zur Ball-

Beim Standard-Pitch (Bilder links und rechts) wird der Ball in der Mitte des Standes plaziert, der linke Fuß ist etwas nach außen gedreht. Die Hände führen den Schlägerkopf, das Gewicht ist schon in der Ansprechhaltung etwas auf die linke Seite verlagert, damit der Schläger in den Boden treffen kann. Im Rückschwung wird der rechte Ellbogen und dementsprechend auch die Handgelenke abgewinkelt. Die Schwunglänge ist im Durch- genauso lang wie im Rückschwung, vergessen Sie aber nicht, den Schläger durch den Treffmoment hindurch zu beschleunigen, um den Ball solide zu treffen. Bedenken Sie darüber hinaus die eingeschränkte Schulterdrehung im Rück- und die etwa 70-Grad-Schulterdrehung im Durchschwung.

Ziel-Linie etwas offen stehen und der linke Fuß etwas zurückgezogen ist. Drehen Sie für mehr Stabilität Ihren linken Fuß um etwa 20 Grad nach außen. Plazieren Sie den Ball in der Mitte des Standes, wobei die Standbreite etwa 25 Zentimeter beträgt. Das Gewicht sollte schon in der Ansprechposition etwas nach links verlagert, die Hände vor dem Schlägerkopf und das rechte Knie etwas nach innen gebeugt sein. Die Ansprechposition entspricht weitgehend der Stellung im Treffmoment, wobei das nach links verlagerte Gewicht eine deutliche Abwärtsbewegung des Schlägers nach sich zieht. Der Ball wird vor dem Boden getroffen, der Schläger nach dem Ball ein kleines Divot herausschlagen.

Der Rückschwung beginnt wie der beim vollen Schwung: Die Kombination aus Drehung der rechten Schulter und Strecken des linken Arms bestimmt den Schwungradius. Der rechte Ellbogen winkelt sich zur Hüfte ab, dabei winkelt auch das rechte Handgelenk ab, der linke Arm dreht etwas mehr als im Normalfall. Auf halbem Rückschwung, wenn der Schlägerschaft parallel zum Boden liegt, ist die Führungskante (»Leading edge«) in der 12-Uhr-Position, also in der Vertikalen. Die Schultern haben nun um etwa 30 Grad gedreht, die Hüften nur um etwa 15 Grad. Das Gewicht ist gleichmäßig auf beide Füße verteilt, wenn nicht gar etwas mehr auf der rechten Seite. Führen Sie den Schläger etwas über die halbe Rückschwungdistanz hinaus. Achten Sie dabei darauf, daß die Bewegung aus den Armen heraus erfolgt und nicht durch ein bewußt frühes Abwinkeln der Handgelenke.

Der Abschwung besteht aus einer exakt seitenverdrehten Bewegung: Der Schläger kehrt in seine Ansprechposition zurück, das Gewicht wird wieder nach links verlagert, die Hände sind nun vor dem Schlägerkopf und es begleitet Sie das Gefühl, nach unten durch den Ball zu schlagen. Um den Loft effektiv einzusetzen, muß auch der Schwungverlauf nach dem Treffmoment verstanden und trainiert werden. Während der Schläger durch den Ball schwingt, müssen Oberkörper und Arme eine kompakte Einheit bilden, damit sich die Schlagfläche nicht schließt. Die rechte Handfläche zeigt länger zum Ziel, als dies beim vollen Schwung der Fall wäre. Zur Hälfte des Durchschwungs haben die Schultern um volle 70 Grad gedreht, der rechte Arm ist fast ganz gestreckt, der linke Ellbogen zeigt nun nach hinten, statt – wie dies beim vollem Schlag der

Die Kontrolle der Schlagfläche

Beim Pitch muß die Schlagfläche auf den unteren Teil des Balles treffen, so bleibt der Loft erhalten, der die maximale Flughöhe bewirkt. Dadurch unterscheidet sich der Pitch vom vollen Schlag, bei dem der Schwerpunkt auf großer Schlagweite liegt. Beim Pitch zeigt die rechte Handfläche im Treffmoment zum Ziel und im Durchschwung zum Himmel. Dies ist wirkungsvoller, als wenn die rechte Hand im Treffmoment die linke überrollt.

Eine gute Übung: Werfen Sie aus der normalen Ansprechhaltung heraus einen Ball mit der rechten Hand zur Fahne. Wollen Sie den Ball hoch werfen, muß die Handfläche dabei zum Ziel zeigen. Die Kontrolle der rechten Körperseite ist nicht nur die Grundlage für erfolgreiches Pitchen, sondern auch ein idealer Schwunggedanke.

Fall wäre – zum Boden. Das Gewicht lastet auf der linken Seite, die rechte Ferse hat sich – wie beim vollen Schwung – vom Boden gelöst und das Knie soweit zum Ziel hin gedreht, daß es beinahe das linke Bein berührt. Die Führungskante zeigt auf die 2-Uhr-Stellung, die Schlagfläche ist mehr gen Himmel gerichtet als gewöhnlich.

Im Abschwung ist der Schlägerkopf deutlich zu beschleunigen und der Boden zu treffen. Der Durchschwung muß nicht länger sein als der Rückschwung, entscheidend ist beim Pitch die Schwunggeschwindigkeit. Auf den ruhigen, lockeren Rückschwung

Links: **Beim Pitch geht es darum, ein Hindernis zu überspielen, den Ball sanft auf dem Grün landen und nur kurz ausrollen zu lassen. Beachten Sie bei der Ansprechposition die kurze Entfernung zum Ball und daß der rechte Ellbogen beim Rückschwung fast die rechte Körperseite berührt. Im Durchschwung wird der Oberkörper zum Ziel gedreht, der linke Ellbogen zeigt nach hinten und nicht – wie beim vollen Schwung – nach unten.**

Checkliste

❍ In der Ansprechposition sind Schultern und Hüfte etwas offen gestellt, also etwas nach links des Ziels ausgerichtet.

❍ Sie beziehen die normale Ansprechposition, stellen sich aber etwas näher zum Ball, greifen den Schläger etwas kürzer und verringern die Standbreite.

❍ Während der Ballansprache ist das Gewicht etwas nach links verlagert, die Hände liegen deutlich vor dem Schlägerkopf. Der Ball ist in der Mitte des Standes plaziert.

❍ Die rechte Handfläche muß sowohl während der Ballansprache als auch im Treffmoment zum Ziel zeigen. Dies verhindert ein Überrollen der Schlagfläche.

❍ Der Schwung erfolgt, bei einem leichten Einsatz der Handgelenke im Rückschwung, aus Armen und Schultern.

❍ Ein betonter Einsatz der Handgelenke, um den Schlägerloft zu verstärken, ist zu vermeiden, weil dieser nur schwer zu kontrollieren ist.

folgt daher ein Abschwung, in dessen Verlauf deutlich beschleunigt wird, ehe er sanft die Rückseite des Balles trifft. Halten Sie nach Abschluß des Schwungs Ihre Finish-Stellung und überprüfen Sie so noch einmal Ihren Durchschwung.

Der größte Fehler beim Pitch ist ein zu langer Rückschwung, denn dadurch wird die Schlägerkopfgeschwindigkeit während des Abschwungs verringert. Ein Fehler, der dünn getroffene Bälle zur Folge hat: Der Ball wird, von der unteren Führungskante des Schlägerkopfes getroffen, sehr niedrig fliegen. Dieser Fehler kann aber auch ein zu frühes Treffen des Bodens bewirken, wodurch der Schlag zu kurz ausfallen wird. Der Weg zum Pitch-Erfolg liegt in der Verkürzung des Rückschwungs und der Beschleunigung durch den Treffmoment.

Zum Variieren der Schlagweite ist beim Pitch das gleiche Prinzip zu befolgen wie bei allen Schlägen des kurzen Spiels: Die Länge des Rückschwungs entscheidet über die Schlägerkopfgeschwindigkeit, wobei die Beschleunigung im Abschwung weitgehend konstant verläuft. Für einen kürzeren Pitch reduzieren Sie die Länge des Rückschwtıngs und schwingen anschließend genauso weit durch. Bei einem weiteren Pitch erzeugt ein längerer Rückschwung mehr Schlägerkopfgeschwindigkeit, wobei der Durchschwung nicht zwingend ebenso lang sein muß. Die Schwungbewegung, bei der der linke Ellbogen nach hinten zeigt und der Oberkörper zum Ziel gedreht wird, begrenzt den Durchschwung automatisch. Sie müssen den Schläger also nicht bewußt weit durch den Treffmoment hindurch schwingen.

Der Standard-Bunkerschlag

Der Grünbunker stellt viele Anfänger, oft aber auch versiertere Golfer vor größere Probleme. 1. Das Hindernis liegt zumeist in einer Vertiefung, wodurch der Schlag nach großer Flughöhe verlangt. 2. Die Entfernung zum Loch ist zumeist relativ gering, so daß es nach Überwindung verlangt, einen vollen Schlag auszuführen. 3. Aus dem sandigen Untergrund erweist sich der Versuch, den Ball von der pulverförmigen Oberfläche wegzuschlagen, nur selten als erfolgreich.

Wie bei so vielen Teilbereichen des Golfspiels müssen Sie beim Erlernen der Schwungtechnik konstruktiv vorgehen. Schläge aus dem Grünbunker sind relativ einfach, sofern der Ball weitgehend eben liegt. Sie brauchen nur einen geeigneten Schläger – das Sandwedge mit mindestens 56 Grad Loft. Im Idealfall ist seine Führungskante (»Leading edge«) und seine Schlägerblattsohle etwas abgerundet, der Schläger insgesamt etwas schwergewichtiger. Bei näherer Betrachtung des Schlägerkopfes werden Sie feststellen, daß die hintere Kante der Schlägerkopfsohle niedriger ist als die vordere Führungskante. Stellen Sie nun den Schlägerkopf auf einen harten Untergrund, wird rasch ersichtlich, daß die vordere Führungskante nicht auf dem Boden aufliegt. Dieses Schlägerdesign bewirkt, daß der Schlägerkopf durch den Sand gleiten kann, ohne sich dabei zu tief in den Sand zu graben.

Die verschiedenen Lernphasen

Jeder Anfänger sollte den Bunkerschlag in verschiedenen Phasen erlernen. Wenn Sie sich an die nachfolgende Methode halten, wird Ihnen dieser Schlag bald schon keine Probleme mehr bereiten. Der größte Fehler besteht beim Bunkerschlag darin, ohne konkrete Vorstellung über Schwung und physikalische Gesetze im Treffmoment vorzugehen. Bevor wir uns mit der Schwungtechnik befassen, ist zu verstehen, was im Treffmoment geschehen muß. Darauf aufbauend können wir die entsprechende Schwungbewegung trainieren. Es geht nicht darum, den Ball zu schlagen, sondern den Sand unter und um den Ball zu treffen, so daß der Ball auf einem Sandkissen aus dem Hindernis fliegen wird. Die Terminologie verleitet dabei zu Mißverständnissen. Denn selbst viele versierte Golfer versuchen beim Stichwort »Explosionsschlag«, kraftvoll auf den Ball zu schlagen. Dies führt zu Aggression und Gewalt! Dabei sollte der Schwung den Ball doch sanft aus dem Sand befördern! Beim Bunkerschlag wird eine dünne Schicht Sand herausgeschlagen. Hierfür ist das Design des Schlägerkopfes gezielt einzusetzen und der Schlägerkopf nicht nach unten zu forcieren, sondern leicht und konsequent durch den Sand zu schwingen. Beginnen Sie mit einem etwa 20 Meter langen Bunkerschlag, bei dem der Ball eben auf dem Sand liegt. Bei der Schwungtechnik handelt es sich um eine Weiterentwicklung des Pitches. Bereitet Ihnen der Pitch Probleme, so steht es wohl noch schlechter um Ihre Bunkerschläge. Im Bunker konzentrieren Sie sich auf einige schwungspezifische Punkte. In diesem Zusammenhang habe ich festgestellt, daß die gängigen Methoden, mit denen der Standard-Bunkerschlag gelehrt wird, insbesondere Anfänger oftmals verwirren. Begriffe wie »offene Schlagfläche« oder »offener Stand« vertage ich daher auf später. Die meisten Bunkerschläge können mit einem parallel zur Ziellinie ausgerichteten Stand und rechtwinklig ausgerichteter Schlagfläche gemacht werden.

Erstens ...

Anfänger sollten sich zunächst auf den 35-Meter-Pitch (vom Gras) konzentrieren, ehe sie sich, bei gleichlangem Schwung, mit dem – dann halb so langen – Bunkerschlag auseinandersetzen. Falls nötig, sollten Sie noch einmal die Seiten über den Pitch lesen. Beachten Sie dabei insbesondere, wie die rechte Handfläche im Treffmoment zum Ziel zeigt, wie der linke Ellbogen im Durchschwung nach hinten abwinkelt und wie die Schlagfläche mehr zum Himmel zeigt als beim vollen Schwung. Rück- und Durchschwung sind beim Pitch weitgehend gleich lang, wichtig ist, entschlossen durch den Treffmoment hindurch zu beschleunigen. Beim Bunkerschlag gibt es eine entscheidende Veränderung der Ansprechposition, da im Treffmoment eine andere Schlägerstellung verlangt wird: Beim Pitch wird der Schläger durch den Treffmoment hindurch beschleunigt, der Ball dadurch an seiner Rückseite getroffen und anschließend ein kleines Divot aus dem Boden geschlagen. Im Sand indes ist nicht der Ball zu treffen, sondern eine Handvoll Sand aus dem Hindernis zu schlagen. Die Hände müssen nicht vor dem Ball gehalten werden, das Gewicht wird gleichmäßig auf beide Füße verteilt und der Ball wird links von der Standmitte plaziert – an jener Stelle also, wo der Schwung seinen tiefsten Punkt erreichen wird. Unter Berücksichtigung dieser Veränderungen bei der Ballsprache stellt der Bunkerschlag bei einem Schwung, der dem eines 35-Meter-Pitches entspricht, kein Problem mehr dar.

Der Standard-Bunkerschlag kann durchaus mit square ausgerichtetem Stand und Schlagfläche ausgeführt werden – vorausgesetzt, die Bunkerkante ist nicht zu hoch. Der Ball wird dabei gegenüber der Innenseite der linke Ferse plaziert.

Zweitens ...

In der zweiten Lernphase geht es darum, wieviel Sand getroffen werden muß. Malen Sie einige Kreise in den Sand (jeweils 25 Zentimeter Durchmesser). Das Zentrum dieser Kreise liegt gegenüber der Innenseite Ihrer linken Ferse. Machen Sie nun einen Schwung, um den Sand aus dem Kreis herauszuschlagen. Betonen möchte ich an dieser Stelle, daß es sich hierbei nur um eine Übung handeln darf, schon allein, weil es Ihnen die Golfregeln nicht erlauben, während eines Turniers Markierungen im Sand anzubringen. Während der Übung aber können Sie beobachten, wie sich der Schläger im

Bei square ausgerichteter Schlagfläche wird der Schlägerkopf etwas über dem Sand gehalten. (Weil die Golfregeln nicht gestatten, den Sand vor dem Schlag zu berühren.) Eine geöffnete Schlagfläche (Bild *unten rechts*) verstärkt den Loft, ermöglicht höhere Schläge und somit eine bessere Schlagkontrolle. Mit dem Bunkerschlag bei geöffneter Schlagfläche beschäftigen Sie sich, sobald Sie sich mit der Technik des Standard-Bunkerschlags vertraut gemacht haben.

Um sich den Schlag besser vorstellen zu können, malen Sie im Übungsbunker einige Kreise. Es gilt, eine handvoll Sand aus diesen Kreisen herauszuschlagen. Sobald Ihnen das gelingt, wird später auch der inmitten eines der Kreise liegende Ball aus dem Bunker fliegen.

Treffmoment verhält. Wenn Sie dann mit dem Ball trainieren, gilt es, die gleiche Menge Sand geschmeidig aus dem Hindernis zu schlagen. Entwickeln Sie ein Gefühl dafür, wie der Sand aus dem Bunker zu werfen wäre – das gleiche Prinzip gilt für den Schlag, bei dem der Ball mit dem Sand aus dem Bunker fliegt. Sie werden auch entdecken, daß der Schwung nach wenig Kraft verlangt. Es bedarf keiner Explosion, sondern nur eines geschmeidigen Fegens, um die Sohle des Sandwedges geschmeidig durch den Sand gleiten zu lassen.

Zuletzt ...

Nun tritt der Ball ins Spiel. Konzentrieren Sie sich weiterhin auf den in den Sand gemalten Kreis, hier insbesondere auf dessen hintere Stelle. Sie markiert die Stelle, an der der Schlägerkopf in den Sand eindringen soll. Der Schwung ist – wie zuvor – beizubehalten. So Sie diesen korrekt ausführen, wird der Ball wie von selbst aus dem Hindernis fliegen. Allerdings ist die Gefahr gegeben, sich zu sehr auf den Ball zu konzentrieren. Das hindert Sie daran, an der richtigen Stelle in den Sand zu schlagen. Versuchen Sie sich zu guter Letzt an der gleichen Übung, doch diesmal ohne aufgezeichneten Kreis. Fixieren Sie eine Stelle im Sand, etwa 8 bis 10 Zentimeter vor dem Ball – ganz so, wie Sie dies später auf dem Platz tun werden.

Das Dosieren der Schlagweite

Bis jetzt haben Sie sich nur am 20 Meter langen Bunkerschlag versucht. Die hierbei benötigte Schwunglänge entspricht einem Pitchschlag aus 35 Metern. Der Widerstand des Sandes und die Tatsache, daß es keinen direkten Kontakt zwischen Ball und Schlagfläche gibt, wird den Ball nur halb so weit fliegen lassen. Bei dieser Schwunglängenangabe handelt es sich wieder nur um einen groben Anhaltspunkt, großen Einfluß auf die Flugweite haben auch die Beschaffenheit des Sandes und die Kraft Ihres Schwungs. Für längere oder kürzere Bunkerschläge verändern Sie Ihre Schwunglänge und die Übung mit dem um den Ball gemalten Kreis. Dies läßt sich erneut am besten im Übungsbunker erproben, weil Sie dort etwas experimentieren können und Kreise malen dürfen. Ein 30-Meter-Bunkerschlag sollte versierte Spieler vor keine Probleme stellen. Die Schwunglänge entspricht der eines 60-Meter-Pitches. Rück- und Durchschwung sind in etwa gleich lang, allerdings muß der Schlägerkopf betont durch den Treffmoment hindurch geschwungen werden, damit er beim Auftreffen im Sand seine höchste Schwunggeschwindigkeit erreicht. Plazieren Sie diesmal den Ball im hinteren Teil des Kreises. Der Ball wird weiter fliegen, weil diesmal weniger Sand vor dem Ball getroffen wird. Weitaus schwieriger gestaltet sich der 10-Meter-Bunkerschlag, weil bei verkürzter Schwunglänge mehr Sand vor dem Ball mitgeschlagen wird. Erneut gilt es, den Schlägerkopf konsequent durch den Treffmoment zu beschleunigen, weil der Sand sonst zuviel Widerstand leisten kann und den Schlägerkopf abbremsen würde. (Wodurch der Schlag zu kurz ausfällt.) Machen Sie außerhalb des Bunkers einige Übungsschläge, bei denen der Schläger bis zur Hälfte des Rückschwungs zurück- und dann ebenso weit durchgeschwungen wird. Machen Sie dann noch einige 20-Meter-Pitches. Plazieren Sie schließlich im Bunker den Ball im vorderen Teil des Kreises und führen Sie – mit dem gleichen Schwung – einige 10-Meter-Bunkerschläge aus.

Geöffneter Stand, geöffnete Schlagfläche

Ich habe schon darauf hingewiesen, daß es keinen Sinn macht, Stand und Schlagfläche zu öffnen, solange der Standard-Bunkerschlag nicht verstanden (und trainiert) wurde. Irgendwann jedoch kommt jeder in die Situation, wo eine geöffnete Schlagfläche Vorteile verheißt. Dies kann insbesondere in tiefen Bunkern der Fall sein, wo dem Ball mehr Flughöhe mit auf den Weg gegeben werden muß. Ein höherer Schlag landet in einem steileren Winkel und kommt daher schneller zur Ruhe. Zudem verstärkt eine geöffnete Schlagfläche (nach rechts des Ziels gedreht) die Rundung der Schlägerkopfsohle, wodurch sich der Schlägerkopf weniger tief in den Sand graben wird. Probieren Sie es aus! Stellen Sie Ihren Sandwedge auf den Boden und drehen Sie die Schlagfläche zu – der Loft verstärkt sich. Bei geöffneter Schlagfläche müssen Sie die Schlägerkopfgeschwindigkeit steigern. Dies erreichen Sie, indem Sie weiter zurückschwingen und kräftiger beschleunigen. Es macht jedoch keinen Sinn, zunächst den Schläger zu greifen und dann erst die Schlagfläche zu öffnen. Die richtige Reihenfolge ist vielmehr, den Schläger wunschgemäß auszurichten und ihn dann zu greifen. So bleiben die Hände in der von einer normalen Ansprechposition gewohnten Stellung und die Schlagfläche ist dennoch offen. Wenn Sie Ihren Schlägerkopf etwas aufdrehen, wird der Ball nach rechts des Ziels fliegen, Sie müssen daher Schultern, Hüfte, Knie und Füße etwa 20 Grad links des Ziels ausrichten. Die Körperhaltung und insbesondere die Schultern bestimmen die Schwungrichtung, daher wird der Schläger im Verhältnis zur Ball-Ziel-Linie etwas von rechts nach links schwingen. Kämpfen Sie nicht dagegen an, es ist ebenso gut wie natürlich! Überprüfen Sie vielmehr die Stellung der Schlagfläche in den verschiedenen Schwungphasen. Am Ende des verkürzten Rückschwungs zeigt die Schlagfläche etwas zum Himmel, die Führungskante ist in der 1-Uhr-Stellung. Am Ende des verkürzten Durchschwungs verläuft der Schlägerschaft parallel zum Boden, die Führungskante ist nun in der 2-Uhr-Stellung. Die Schlagfläche darf nicht gegen den Uhrzeigersinn drehen, die Handfläche zeigt bis zuletzt zum Ziel.

Die Sandbeschaffenheit

Die Beschaffenheit des Sandes kann sich von Golfplatz zu Golfplatz unterscheiden, zudem verändert sie sich mit den Wetterbedingungen. Es gilt daher, flexibel zu bleiben. Bislang ging ich bei allen Erklärungen von einem trockenen, pudrigen Untergrund aus. Ein Bild über die Qualität des Sandes können Sie sich machen, indem Sie Ihre Füße in den Sand graben. So erhalten Sie nicht nur einen festen Stand, sondern stellen auch fest, wieviel Widerstand der Sand leisten wird. Denken Sie an die Golfregeln, die es Ihnen verbieten, den Sand vor dem Schlag mit dem Schläger (oder gar den Händen) zu berühren. Daher können Sie die Sandbeschaffenheit einzig mit den Füßen prüfen. Zudem helfen Ihnen auch Ihre Erfahrungswerte, die richtige Schwungformel zu finden.

Für die meisten Golfer stellt sehr weicher und pudriger Sand die größte Herausforderung an Schwungtechnik und Schlägerkopfdesign dar. Von der Rundung der Schlägerkopfsohle hängt es ab, ob Sie genau die erforderliche Schicht Sand treffen. Ein zu steiler Schwung bewirkt ein zu steiles Graben des Schlägers in den Sand – der Ball wird dann zwar fliegen, aber meistens nicht weit genug, um das Hindernis zu verlassen.

Grober oder harter Sand, der entsprechend großen Widerstand leistet, verringert die Schlägerkopfgeschwindigkeit im Treffmoment. Sie müssen

Sie sehen hier den Standard-Bunkerschlag mit square ausgerichtetem Stand und Schlagfläche. Es handelt sich dabei um den einfachsten Schlag für den Anfänger, der noch nicht mit den Besonderheiten der geöffneten Schlagfläche konfrontiert wird. Rück- und Durchschwung sind weitgehend gleich lang. Das Gewicht ist zunächst gleichmäßig auf beide Füße verteilt, verlagert sich aber durch den Treffmoment hindurch deutlich nach links. Die Handgelenke werden nicht übermäßig abgewinkelt, das Ergebnis wäre nur ein zu steiler Eintreffwinkel. Bei korrekt ausgeführtem Schwung wird eine dünne Sandschicht aus dem Bunker geschlagen. Es geht keineswegs darum, den Ball mit einem steilen Schwung aus dem Hindernis zu prügeln (wie dies noch immer viele Golfer glauben)!

in diesem Fall die Länge Ihres Rückschwungs vergrößern und auch kräftiger durch den Treffmoment hindurch beschleunigen. Nasser Sand wird den Schlägerkopf sehr schnell abbremsen, wenn Sie sich nicht darauf einstellen. Hier gilt es, besonders entschlossen zu schwingen, sprich richtiggehend in den Sand hineinzuschlagen, um eine noch größere Schlägerkopfgeschwindigkeit zu erzielen. Die Stelle, an der der Schläger in den Sand dringen soll, bleibt die gleiche. Verändert werden Rückschwung (länger), was eine noch höhere Schlägerkopfgeschwindigkeit verspricht.

Der Standard-Bunkerschlag mit square ausgerichtetem Stand und Schlagfläche, diesmal von der Seite betrachtet. Schultern, Hüfte und Füße sind parallel zur Ball-Ziel-Linie ausgerichtet. Im Rückschwung bewegt sich der Schläger natürlich um den Körper, Schultern und Hüfte drehen sich nach rechts. Die Gewichtsverlagerung wird durch das rechte Bein eingeleitet, wobei sich die rechte Ferse vom Boden löst. Im Durchschwung zeigt die Schlägerkopfspitze zum Himmel. Wenn sich auch die Ansprechposition ein wenig von der beim Pitch unterscheidet, so ist der Schwung doch weitgehend identisch.

Es macht Sinn, beim Grünbunkerschlag die Schlagfläche zu öffnen, da dies den Loft der Schlagfläche und die Rundung der Schlägerkopfsohle (»Bounce«) verstärkt. Die Schlagfläche wird jedoch nicht aus einer Drehung der Hände heraus geöffnet, weil sie sich sonst im Treffmoment wieder in ihre rechtwinklige Stellung zurückdrehen würde.

Stellen Sie sich vor, Ihr Ball läge inmitten eines Kreises von 25 Zentimeter Durchmesser. Es geht nun darum, den Sand aus diesem Kreis zu schlagen, nicht etwa den Ball. Der wird auf dem Sandkissen aus dem Hindernis fliegen, was dem Spieler erlaubt, die Flugweite besser zu kontrollieren. Die Treffmoment-Geschehnisse verdeutlichen sich Ihnen, wenn Sie einen Kreis um den Ball malen (was allerdings im Turnier verboten ist!).

Der 20-Meter-Grünbunkerschlag mit geöffnetem Stand und Schlagfläche. Die Führungskante der Schlagfläche ist rechts des Ziels, Schultern, Hüfte und Füße hingegen etwa um 20 Grad links des Ziels ausgerichtet. Entsprechend wird der Schwung etwas links vom Ziel verlaufen. Der Schläger schwingt entlang der Ziel-Linie zurück (und nicht, wie beim normalen Schlag üblich, innerhalb dieser Linie). Diese Schwungrichtung ergibt sich automatisch aus der veränderten Körperausrichtung. Im Durchschwung zeigt die rechte Handfläche zum Himmel, die Führungskante der Schlagfläche ist in der 2-Uhr-Stellung.

Der Spieler hat zunächst die Schlagfläche geöffnet und dann erst den Schläger gegriffen. Von vorne gesehen sind wieder zweieinhalb Fingerknöchel sichtbar. Im Treffmoment werden die Hände in dieser Ausgangsposition sein, wodurch die Schlagfläche geöffnet bleibt und sich nicht in eine rechtwinklige Ausrichtung (square) zurückdreht.

Für einen längeren Grünbunkerschlag (30 Meter) müssen Sie die Position des Balles im Kreis verändern und einen längeren Schwung machen, um im Treffmoment mehr Schlägerkopfgeschwindigkeit zu erzielen. Im Treffmoment ist erneut der Sand aus dem Kreis zu befördern, durch weniger Sand zwischen Ball und Schlagfläche (weniger Widerstand!) wird der Ball weiter fliegen. Es ist darauf zu achten, den Schläger konsequent durch den Treffmoment hindurch zu beschleunigen, weil eine Verlangsamung negative Auswirkungen auf den Schlag hätte. Der Durchschwung muß nicht zwingend genauso lang wie der Rückschwung sein, da es primär darum geht, die Handgelenke passiv zu halten und die Unterarme nicht zu überrollen.

Der kurze Schlag aus dem Bunker ist einer der schwierigsten, verlangt er doch nach einem sowohl entschlossenen wie auch sanften Schwung. Erneut geht es darum, die gleiche Menge Sand aus dem Kreis herauszuschlagen. Gehen Sie dabei zögerlich zu Werke, wird der Schlag zu kurz ausfallen und der Ball eventuell gar in der Bunkerkante landen (was Ihr Problem noch vergrößern würde!). Der Ball wird im vorderen Teil des Kreises plaziert. Dadurch wird die Schlagfläche deutlicher vom Sand abgebremst, was eine Verringerung der Schlägerkopfgeschwindigkeit im Treffmoment zur Folge hat. Verringert wird auch die Schwunglänge, Rück- und Durchschwung (gleich lang!) gehen nur noch bis zur Hälfte. Der Schwung erfolgt, bei nur geringem Einsatz der Handgelenke, aus Armen und Schultern. Im Durchschwung ist der linke Ellbogen nach hinten abgewinkelt und nicht – wie beim vollen Schwung – zum Boden. So bleibt die Schlagfläche während des gesamten Schwungs geöffnet, was mehr Auftrieb bewirkt.

Die Golfausrüstung

Der richtige Schläger

Zwar ist auf dem Weg zur Spielverbesserung die Golfschwungtechnik von entscheidender Bedeutung, allerdings sollte jeder Golfer auch über grundlegende Kenntnisse zur Golfausrüstung verfügen. Sie sollten wissen, worauf bei der Wahl Ihrer Ausrüstung zu achten und welche Schlägerkopfform für welche Spielstärke konzipiert ist. Aber: Ein Nicht-Fachmann muß angesichts der großen Auswahl in den Fachgeschäften überfordert sein, zumal die technisch orientierten Produktbeschreibungen oft wenig über deren Eigenschaften aussagen. Entsprechend vielfältig sind die Fehler, die bei der Wahl der Ausrüstung gemacht werden. In erster Linie wird zumeist versäumt, die Schläger vor dem Kauf erst einmal auszuprobieren. So wird erst zu spät bemerkt, daß sie doch nicht so ideal sind, wie sie zunächst erschienen. Natürlich ist es nicht notwendig, daß Sie sich testend durch alle Schlägerregale durcharbeiten, zumal gerade bei Golfanfängern Fehlschläge eher auf den Schwung als auf die Ausrüstung zurückzuführen sind. Fortgeschrittene Golfer jedoch sollten in jedem Falle nach Testschlägern der Modelle verlangen, die Ihnen besonders gut ins Auge stechen. Der zweite Fehler besteht darin, die Schläger aufgrund der Empfehlung eines Freundes zu kaufen. Der Schläger, der für einen Spieler der richtige ist, muß nicht automatisch auch der ideale für einen anderen Spieler sein! Der dritte Fehler besteht in der »Da bezahlt man doch nur für die Marke«-Meinung bei Produkten im mittleren und oberen Preissegment. Dem ist nicht so! Bei den Topmarken zahlen Sie für eine bessere Montage-Qualität, hochwertigere Materialien sowie eine intensivere Entwicklungsarbeit. Dies alles wird Ihr Spiel unterstützen. In meinen Augen legen sich die meisten Golfer zu Beginn zu viele Schläger zu, weil sie gleich ein ganzes Set besitzen möchten, statt dieses stufenweise entsprechend ihren Bedürfnissen aufzubauen. Ich rate Anfängern, nur die Schläger mit auf den Platz zu nehmen, die sie auch tatsächlich schon beherrschen. Die meisten Anfänger können sowieso noch nicht zwischen einem Eisen-4- und einem Eisen-5-Schlag unterscheiden.

Golf-Fachgeschäfte bieten heute eine große Auswahl an Golfausrüstungen.

Das Golfschlägerdesign hat mittlerweile einen sehr hohen Standard erreicht, jeder Hersteller bietet – in verschiedenen Preiskategorien – eine Reihe verschiedener Modelle an. Viele Hersteller empfehlen auch Modelle, die jeder Körpergröße angepaßt werden können. Als Anfänger müssen Sie nicht über jedes technische Detail dieser immensen Angebotspalette informiert sein. Entscheidend ist das Wissen, welche Schläger warum zu Ihnen passen. Zu guter Letzt sollte auch Ihr persönlicher Geschmack ein wichtiges Kaufkriterium sein. Es ist nämlich wichtig, daß Sie Vertrauen zu Ihren Schlägern aufbauen. Nicht nur, weil dies Ihren Trainingsenthusiasmus fördert.

Halber Satz für Anfänger

Ich plädiere, daß Anfänger sich zunächst nur einen halben Satz anschaffen, wobei jeder Schläger von der gleichen Modellreihe sein sollte. Wichtig ist dabei eine korrekte Abstufung, damit der Spieler für die verschiedenen Spielsituationen auf dem Platz über den geeigneten Schläger verfügt. Ich rate daher zu den Hölzern 3 und 5, den Eisen 4, 6 und 8, dem Pitching- und Sandwedge sowie dem Putter. Ich mache dabei keinen Unterschied zwischen Herren und Damen, wobei für Herren auch die Kombination »Eisen 3, 5, 7 und 9 sowie Sandwedge« erfolgverheißend ist. Vom Driver (Holz 1) rate ich Anfängern ab, solange die Schwungtechnik noch nicht so ausgefeilt ist, daß sie die Vorteile dieses Schlägers auch nützen könnten. Die meisten Golfer erzielen zunächst mit dem Holz 3 vom Abschlag bessere Ergebnisse, schon allein, weil sie den Ball damit leichter (und besser) über die Rough-Zonen zwischen Abschlag und Fairway schlagen werden. Der Schnittpunkt zwischen den Holz- und Eisenschlägern liegt beim Holz 4 und Eisen 1, zwei Schlägern, mit denen die gleiche Distanz erreicht werden kann. Die Eisen 1 und 2 sind für Anfänger jedoch gänzlich ungeeignet, weil sie einen exakten Ballkontakt bei sehr hoher Schlägerkopfgeschwindigkeit voraussetzen, um

einen guten Schlag zu erzeugen. Verlassen Sie sich eher auf Ihr Holz 5, dem Pendant zum Eisen 2, mit dem Sie den Ball auch unsauberer treffen können, ohne gleich einen großen Distanzverlust hinnehmen zu müssen. Ein Holz mit viel Loft ist weitaus fehlerverzeihender als das dünne Schlägerblatt eines Eisens!
Ich empfehle, mit einem halben Satz zu beginnen, der später ergänzt werden kann, also der Modellreihe eines bekannteren Herstellers. Sie sollten beim Kauf sicherstellen, daß die Schläger der gleichen Produktreihe auch später noch erhältlich sein werden.
In Anbetracht des großen Konkurrenzkampfes werden Ihnen gewissenhafte Hersteller dies garantieren! Mit zunehmender Spielerfahrung werden Sie feststellen, daß die Lücke zwischen den Schlägern beim halben Satz zu groß ist. Insbesondere an Par-3-Löchern wird Ihnen nun oft der Schläger fehlen, den Sie für die Distanz zum Grün benötigen. Sie können Ihren halben Satz stufenweise ergänzen oder gleich die ganze zweite Satzhälfte erwerben. (Wobei Sie auch im zweiten Fall nicht gleich alle Schläger mit auf den Platz nehmen müssen!) Vielen Golfern würde das Weglassen einiger Schläger während des Spiels oft die Schlägerwahl erleichtern!

Kompletter Schlägersatz

Mit zunehmender Spielerfahrung komplettieren Sie Ihre Ausrüstung. Entweder Sie ergänzen den halben Satz, mit dem Sie das Spiel begonnen haben, oder Sie ersetzen Ihren halben Satz durch einen neuen ganzen, so daß alle Schläger aufeinander abgestimmt sind. Viele Hersteller geben ihren Schlägern Kenn-Nummern, um sicherzustellen, daß die Schläger eines Satzes auch wirklich zusammengehören.
So kann der Spieler problemlos von Schlägernummer zu -nummer wechseln, ohne Schwungtechnik oder -tempo verändern zu müssen. Selbst geringe Abweichungen in Gewicht, Schaftflexibilität oder Lie-Winkel kann Ihre Schlagausbeute beeinflussen. Kaufen Sie daher nur qualitativ Hochwertiges.

Schlägerkopfform beim Eisen

Bei den Eisen gilt es, bestimmte Formeigenschaften zu beachten. Schauen Sie sich zunächst den Schlägerkopf an, der aus rostfreiem Stahl hergestellt sein sollte. Verzichten Sie auf Billigschläger aus Legierungen, dieses Material erweist sich den Kräften, die im Treffmoment einwirken, nicht gewachsen. Entscheiden Sie sich für eine Schlägerkopfform, bei der mehr Gewichtsmasse auf den Schlägerkopfrand verteilt ist. (Dies erkennen Sie beim Blick auf die Rückseite der Schlagfläche.) Dieses Design nennt sich »Heal and toe« (»Von Ferse zu Zehe«) oder auch »periphere Gewichtsverteilung«. Ich bevorzuge die Bezeichnung »spielverbessernd«, weil bei diesem Schläger der Ball nicht exakt im Zentrum der Schlagfläche getroffen werden muß, um einen soliden Kontakt zu verzeichnen. Die meisten auf dem Markt befindlichen Eisen haben ohnehin diese Schlägerkopfform, weil die meisten Golfer damit die besseren Erfahrungen gesammelt haben.

Schlägerkopfform beim Metallholz

Die Bezeichnung »Metallholz« ist zugegeben etwas verwirrend. Metallhölzer eroberten in den achtziger Jahren den Golfmarkt im Sturm – woran sich seither nichts geändert hat. Für alle, die nicht mit dem Strom schwimmen möchten, werden freilich auch andere Materialien angeboten. Wie beispielsweise Persim-

Der ideale Schlägerkopf für den Golfanfänger ist aus rostfreiem Stahl hergestellt. Die Gewichtsmasse wird auf den Schlägerkopfrand verteilt. Das erweitert den »Sweetspot« und läßt auch nicht exakt im Schlägerblattzentrum getroffene Bälle maximale Weiten erzielen.

mon, eine natürliche Holzart. Der klassische, aus einem Persimmon-Block zumeist in Handarbeit gefertigte Schläger ist denn auch die teuere Variante, für die sich zumeist bessere Golfer entscheiden. Viele Golfer, die ihren »Holz«-Hölzern bis heute die Treue gehalten haben, schwören auf den im Vergleich zu Metallhölzern dumpferen Klang im Treffmoment und das (vermeintlich) weichere Treffgefühl.
Das moderne Metallholz wird aus Stahl gegossen und ist in der Mitte hohl. Dieser Hohlraum ist mit Schaum gefüllt, damit es im Treffmoment nicht zu laut knallt. Wie schon beim Eisen wird auch diese Schaummasse bis zum Außenrand hin verteilt, was bezüglich der Gewichtsverteilung die gleichen Vorteile mit sich bringt. Der Anfänger profitiert davon, weil auch ein nicht im Zentrum getroffener Ball immer noch gute Flugweiten erzielt. Aus Sicht der Hersteller sind diese Hölzer – bezogen auf Maßgenauigkeit – leichter herstellbar als die aus einem Block bestehenden »Holz«-Hölzer. Viele Golfer schwören, seit dem Wechsel zu Metallhölzern den Ball weiter zu schlagen, wofür es allerdings keine logische Erklärung gibt. Ich glaube nicht, daß Metallhölzer den Ball weiter schlagen, empfehle sie aber allen weniger versierten Golfern. Und auch, wenn die Oberfläche der Metallhölzer nicht beschädigt wer-

Ein modernes »Metallholz« wird aus Stahl gegossen. Gegenüber dem klassischen Holz bieten diese Schläger – dank der besseren Gewichtsverteilung – Vorteile bei nicht exakt im Schlägerblattzentrum getroffenen Bällen.

den kann, so rate ich doch, sie stets mit einer Schlägerhaube vor Kratzern zu schützen.
Das graue, metallige Material wird auf der Oberfläche sandgeblasen, damit es nicht das Sonnenlicht reflektiert. Die Schlägerhauben schützen diese Mattierung vor Kratzern, die entstehen, wenn die Schläger im Bag aneinanderstoßen. Ein makelloser Schläger vor einem – sauberen – Ball wird Sie zu Ihrem bestmöglichen Schwung animieren. Schließlich macht es auch mehr Spaß, ein sauberes Auto zu fahren, oder?

Schäfte und Griffe

Für Anfänger eignen sich alle Schäfte, die in moderne Schläger eingebaut werden, da die Hersteller nur miteinander abgestimmte, zueinander passende Komponenten verwenden. Die Flexibilität des Schaftes ist auf dem Aufkleber markiert, Herren sollten nach «R« (= »regular flex«, sprich »normale Flexibilität«) schauen, während Damen nach «L« suchen sollten. In jüngerer Vergangenheit sind viele neue Schaftmaterialien auf dem Markt erschienen, hierbei allen voran Karbon, auch Graphit genannt. Graphitschäfte eignen sich perfekt für den Durchschnittsgolfer. Doch viele Golfer denken immer noch, daß diese Schläger nur für sehr versierte Golfer entworfen sind. Ein Gedanke, der dadurch bekräftigt wird, daß diese Schläger angesichts ihrer wertvolleren Materialien und Verarbeitung zumeist relativ teuer erscheinen.
Form und Beschaffenheit der Griffe können ebenso Ihren persönlichen Bedürfnissen angepaßt werden wie Material und Größe. Zumeist bevorzugen Golfer eine Mischung aus Gummi und Kork, die unter allen Witterungsbedingungen (naß, kalt, trocken, feucht) exzellente Spieleigenschaften verspricht. Außerdem kann jeder Golflehrer oder Schlägerhersteller jeden Griff – zu einem vernünftigen Preis – durch einen anderen ersetzen.
Zu beachten ist allerdings, daß die Griffe auf allen Ihren Schlägern die gleiche Größe und Form vorweisen und stets in einwandfreiem Zustand sind. Weltweit gibt es Golfer, die Probleme mit ihrem Griff haben – nur, weil sie nicht wissen, daß dieser regelmäßig gegen einen neuen ersetzt werden muß (und kann). Die »Instandsetzung« der Griffe ist besonders wichtig, wenn Sie einen gebrauchten Schlägersatz mit entsprechend abgenutzten Griffen erworben haben.

Die Wahl des Putters

Das Angebot an Puttern in Golf-Fachgeschäften verwirrt nicht nur den Anfänger. Bei der Auswahl des Putters gilt es zwei Aspekte zu berücksichtigen: 1. Der hochwertige Putter muß Ihrer Körpergröße angepaßt sein. 2. Er muß Ihnen optisch »und überhaupt« gefallen. Die Präferenzen schwanken dabei von Golfer zu Golfer – schlußendlich ist einzig der persönliche Geschmack ausschlaggebend!
Eine wichtige Rolle beim Kauf eines Putters spielt seine Länge, die allerdings problemlos von einem Golflehrer Ihren Bedürfnissen angepaßt werden kann. Die meisten Putter für Herren sind 34 oder 35 Zoll (86 oder 89 Zentimeter) lang. Der Lie-Winkel, also der Winkel des Schaftes im Verhältnis zur Vertikalen (wenn die Schlägersohle flach auf dem Boden liegt), muß auch oft Ihrem Putt-Stil angepaßt werden. (Wobei zu beachten ist, daß die Golfregeln einen Lie-Winkel von mindestens 10 Grad vorschreiben.) Die Frage des Schlägergewichtes ist eine individuelle Entscheidung, bei der ich allerdings von leichten Modellen abrate, weil die ein weniger solides Treff- und somit Puttgefühl vermitteln. Lassen Sie auch beim Putter den Griff (dicker, dünner?) wechseln. Sollte Ihr Putter einen runden Griff haben, so ersetzen Sie diesen durch einen mit abgeflachter Oberfläche, weil der eine bessere Kontrolle der Schlagfläche verheißt. Dies ist beim Putter erlaubt! Zuletzt müssen Sie zwischen verschiedenen Schlägerkopfformen auswählen. Entscheiden Sie sich für die, die Sie optisch anspricht und Ihnen somit Selbstvertrauen vermittelt. Die richtige Wahl werden Sie vielleicht nicht gleich treffen, selbst erfahrene Golfer haben damit so ihre Schwierigkeiten.

Zusatzausrüstung

Wenn Sie nur mit einem halben Schlägersatz (zwei Hölzer, fünf Eisen und Putter) auf die Runde gehen, benötigen Sie nicht unbedingt eine riesige Golftasche und auch keinen Trolley. Es kommt nicht von ungefähr, daß viele Golfer ihr »Besteck« lieber in einer leichten Tasche mit einem – gutgepolsterten! – Riemen tragen. Wählen Sie hierfür eine Ausführung mit Seitentasche, damit Sie für den Fall der Temperaturschwankungen einen Pullover mitnehmen können. Zudem sollte Platz für Tees, Golfbälle und Bleistifte vorhanden sein.

Schuhe

Gehen Sie bei der Wahl der Golfschuhe, die Ihnen auch »ein paar Mark« mehr wert sein sollten, behutsam vor. Schließlich führt eine Golfrunde über gute sechs Kilometer – vorausgesetzt, sie müssen diese nicht im Zickzack abgehen. Die beste Wahl sind lederne, handgenähte Schuhe mit Spikes. Moderne Verarbeitungsmethoden ermöglichen es, Schuhe wasserabweisend (wenn nicht gar -dicht) abzudichten, so daß Ihre Füße auch im Falle eines unerwarteten Wetterumschwungs oder bei Tau trocken bleiben. Schuhe mit Gummisohlen ohne Spikes haben den Vorteil, daß sie nach der Runde nicht gewechselt werden müssen, um das Clubhaus (»No Spikes please«) zu betreten oder mit dem Auto heimwärts zu fahren, allerdings bieten sie bei feuchteren Wetterlagen auch weniger Stabilität. Achten Sie darauf, feuchte Schuhe langsam und natürlich trocknen zu lassen, denn überschnelles Austrocknen an einem Heizkörper verringert deren Lebensdauer. Überprüfen Sie regelmäßig die Spikes und ersetzen Sie abgenutzte oder herausgebrochene. Bei unkorrekter Pflege können sich die Spikes so sehr abnutzen, daß sie nicht mehr entfernt werden können. Eine teure Reparatur ist dann die Folge!

Golfbälle

Die Diskussion über den besten Golfball erweist sich als unendliches Thema, wobei die technischen Details, wissenschaftlich betrachtet, zwar interessant sind, dem Durchschnittsgolfer aber nur bedingt weiterhelfen. Logisch ist, einen Golfball zu benützen, der Ihrem spielerischen Können entgegenkommt. Berücksichtigen Sie aber auch die teilweise enormen Kosten von hochwertigen Golfbällen – vor allem, solange Sie diese noch häufig im Wald, in den Büschen oder im tiefen Rough verloren geben müssen.

Der moderne Golfball wird auf drei verschiedene Methoden hergestellt.

Der Two-Piece-Ball ist eine gute Wahl, verheißt er doch zu einem vertretbaren Preis maximale Flugdistanz und Haltbarkeit.

Bessere Golfer bevorzugen in der Regel den Ball, bei dem ein harter (oder mit Flüssigkeit gefüllter) Kern unter Spannung mit einem Gummifaden umwickelt und schließlich mit einer Surlyn-/ Balata-Schale ummantelt wird.

Zum einen wird er unter Druck aus einer thermoplastischen Masse gepreßt, beinhaltet diverse chemische Stoffe und verfügt über optimales Gewicht und Flugeigenschaften. Hierbei handelt es sich um den »One Piece« (»Ein Stück«)-Ball, der auch »solid ball« genannt wird. Er ist preiswert und sehr haltbar. Allerdings fliegt er nicht so weit wie andere Bälle – und er erzeugt im Treffmoment nicht das »knackige« Geräusch. Für Anfänger ist dieser Ball durchaus geeignet, nicht aber für bessere Golfer.

Zum anderen bewirkt die Marktwirtschaft, daß sich die Golfballhersteller auf das Marktsegment konzentrieren, wo der Konkurrenzkampf am größten ist. Beim »Two Piece« (»Zwei Stücke«)-Ball wird der Kern ebenfalls aus einer – im Vergleich zum vorangegangenen Modell allerdings hochwertigeren – Masse gepreßt. Dieser Kern wird mit einer Schale ummantelt, die aus einem hochelastischen, haltbaren Material, zumeist Surlyn, ist. Diese Schale verleiht dem »Two Piece«-Ball maximale Haltbarkeit. Zudem erlaubt sie eine höhere Komprimierung des Kerns, so daß der Ball – im Vergleich zum »One Piece« – weiter fliegen wird. Darüber hinaus kann das Schalenmaterial leicht geformt und gefärbt werden, wodurch die Dimpels – und das generelle Erscheinungsbild – sauberer erscheinen. Der »Two Piece«-Ball ist die ideale Wahl für den Durchschnittsgolfer, bietet er doch beste Spieleigenschaften zu einem vernünftigen Preis.

Der dritte Typ ist der gewickelte »Three Piece«-Ball, der von den besseren Golfern, hier insbesondere den Profis und den Topamateuren, verwendet wird. Ein kleiner Kern, zumeist eine mit Flüssigkeit gefüllte Gummikugel, wird unter Spannung mit einem Gummifaden und zuletzt mit einer weichen (Surlyn- oder Balata-)Schale ummantelt. Dieser Ball reagiert deutlich auf die Schlägerkopfgeschwindigkeit und ist somit bei Pitches, Chips und Putts bestens kontrollierbar. Der erfahrene Golfer bemerkt auch, daß sich der Balata-Ball bei längeren Schlägen besser kontrollieren läßt, weil die weichere Schale mehr Seitendrall für Fades (Flugkurve von links nach rechts) oder Draws (von rechts nach links) zuläßt. Dieser Ball hat auch mehr Rückwärtsdrall, zweifelsfrei ein Vorteil für gute Spieler, die den Ball weit schlagen und ihn nach der Landung rasch zum Stoppen bringen möchten. Der Durchschnittsgolfer aber schielt nach mehr Schlagweite, daher lohnt sich die »Three-Piece-Ball«-Investition für ihn weniger. Dieser gewickelte Ball ist zumeist die teuerste Ballvariante, was nicht bedeutet, daß er für alle Spielstärken die beste Wahl darstellt.

Checkliste

❍ Golfanfängern genügt ein halber Schlägersatz, der später komplettiert werden kann.

❍ Als versierterer Golfer sollten Sie Testschläger ausprobieren, ehe Sie sich für ein Modell entscheiden.

❍ Eisen mit peripherer Gewichtsverteilung sind zu empfehlen, da sie Schwungfehler eher verzeihen.

❍ Ein Metallholz hat einen gefüllten Hohlkörper. Seine Gewichtsverteilung vergrößert den Sweetspot.

❍ Es ist schwierig, auf Anhieb den passenden Putter zu finden. Hier entscheidet der persönliche Geschmack.

❍ »One Piece«-Golfbälle sind kostengünstig und für die ersten Golfschritte geeignet. Entscheiden Sie sich für »Two Piece«-Bälle, sobald sich Ihr Spiel verbessert hat.

»Maßgeschneiderte« Schläger

Alle Golfschläger können verändert werden, um den individuellen Anforderungen des Spielers zu entsprechen. Diese Veränderungen der Standardausführung dienen vorrangig den Bedürfnissen von außerordentlich großen bzw. kleinen Spielern. Die Anpassung der Golfschläger ist eine technisch komplexe Angelegenheit, mit der sich der Durchschnittsgolfer nicht weiter zu befassen braucht. Anders liegt die Sachlage bei fortgeschrittenen Golfern, die aber oftmals nicht wissen, welche Vorteile Sie aus einer »maßgeschneiderten« Ausrüstung ziehen können. Ich werde Ihnen in diesem Kapitel einige Schlüsselaspekte und Richtlinien vermitteln. Für die von Ihrer Körpergröße, Konstitution und Schwung abhängende, individuelle Beratung aber sollten Sie Ihren Golflehrer aufsuchen. Es ist ein großer Fehler, davon auszugehen, daß ein Schlägersatz automatisch zu jedem Golfer paßt. Schließlich ist Golf eine individuelle Sportart, bei der sich jeder Spieler mit anderen Schwung- und Körpereigenschaften ans Werk macht.

Veränderungen an Golfschlägern können auf zwei Arten vorgenommen werden. Einfache Veränderungen werden zumeist in der clubeigenen Werkstatt ausgeführt. Weitaus komplexer sind die Anpassungen, die der Hersteller selbst ausführt – manchmal schon beim Zusammensetzen des Schlägers. In beiden Fällen handelt es sich um keine sehr kostspielige Angelegenheit, es sei denn, Sie lassen die Qualität einzelner Schlägerkomponenten nachhaltig verbessern bzw. verlangen nach Veränderungen, die sehr viel Handarbeit erfordern.

Der Lie-Winkel

Beim Lie-Winkel handelt es sich um den von Schaft und Schlägersohle gebildeten Winkel. Er variiert von Satz zu Satz und von Schläger zu Schläger. So ist er beispielsweise

Der Lie-Winkel variiert vom Driver über Eisen zum Wedge, weil der Ball – je nach Schläger – in der Ansprechposition näher zum Spieler plaziert wird und die Schlägerkopfsohle dennoch flach auf dem Boden aufliegt. Bei überdurchschnittlich groß- oder kleingewachsenen Spielern muß der Winkel angepaßt werden.

beim kurzen Eisen bedeutend steiler als beim Holz, schon allein, weil die Stand-Entfernung zum Ball beim Eisen geringer ist. Golfschläger werden standardisiert hergestellt, bei Herren (1,75 Meter) geht man dabei von einer anderen Durchschnittsgröße als bei Damen (1,63 Meter) aus. Sollten Sie nun bedeutend größer oder kleiner als dieser Durchschnittswert sein, so ist der Kauf von Schlägern mit einem anderen Lie-Winkel ratsam. Ein großgewachsener Mann benötigt dabei einen aufrechteren Lie-Winkel, weil er den Ball ja mit einem größeren Abstand anspricht. Es ist zwar – manchmal – auch möglich, bei Hölzern nachträglich den Lie-Winkel zu verändern, allerdings ist dies weitaus umständlicher als bei Eisen. Die meisten Schläger der mittleren und hohen Preisklasse sind heute schon in verschiedenen Lie-Winkeln erhältlich, wobei die Modelle zumeist in drei verschiedenen Lie-Winkel-Variationen angeboten werden.

Kommen wir zum technischen Aspekt. Bei der Beschleunigung des Golfschlägers biegt sich der Schaft, bedingt durch die Flugkraft, bis zum Treffmoment etwas nach unten. Liegt die Schlägerkopfsohle nun bei der Ansprechposition flach auf dem Boden auf, so gräbt sie sich im Treffmoment mit der Spitze in den Boden. Ziel ist es aber, sie parallel zum Boden an den Ball zu bringen. Dies setzt voraus, daß sie bei der Ballansprache nicht in ihrer ganzen Länge auf dem Boden aufliegt. Ihr Golflehrer ist Ihnen sicherlich bei der Suche nach dem idealen Lie-Winkel gerne behilflich!

Der optimale Lie-Winkel hängt vorrangig von Ihrer Körpergröße ab, wird aber auch vom Verhältnis »Länge der Beine« zu »Länge des Oberkörpers« sowie »Länge der Arme« zu »Gesamtkörperlänge« beeinflußt. Bei Festlegung des idealen Lie-Winkels kann nichts und niemand das geschulte Auge eines erfahrenen Golflehrers ersetzen!

Die Stärke des Griffbandes

Golfer sprechen oft davon, »Gefühl« für den Schläger zu haben. Dieses Gefühl wird von den Händen vermittelt. Beim Greifen des Schlägers fühlen Sie die Breite, sprich Dicke, des Griffbandes. Je nachdem, wie angenehm Sie dieses empfinden, wird sich der Schläger für den Spieler mehr oder weniger gut, sprich vertrauenerweckend, anfühlen.

Bei den im Pro-Shop erhältlichen Schlägersätzen ist die Griffstärke genormt, wobei sie nicht zwingend zur Größe Ihrer Hände passen muß. Mit zunehmender Golferfahrung werden Sie möglicherweise die Breite des Griffbandes verändern wollen. Um wieviel, kann einzig durch Probieren herausgefunden werden. Golf-

✓ RICHTIG ✓
Die Griffstärke paßt. Linker Mittel- und Ringfinger können den Griff bequem umgreifen, die Fingerkuppen berühren dabei den Daumenballen.

✗ FALSCH ✗

Oben: **Das Griffband ist zu dünn, die Finger bohren sich in die Handfläche. Im Treffmoment kann sich der Schlägerkopf verdrehen.**

lehrer können die Griffbänder problemlos Ihren Vorstellungen anpassen. Auch Hersteller haben hiermit kein Problem, sie haben dafür sogar schon ein standardisiertes »Kasten-

✗ FALSCH ✗

Unten: **Das Griffband ist zu breit, die linken Finger können den Daumenballen nicht berühren. Ergebnis: Verlust von Kontrolle und Behinderung der Handgelenke.**

System« entwickelt. Grifftyp und -stärke können also jederzeit ausgetauscht werden. Sie müssen nur die Griffstärke herausfinden, bei der sich Ihre linke Hand bequem um das Griffband legt und linker Mittel- und Ringfinger den Daumenballen gerade noch berühren.

Die Länge des Schlägerschafts

Zunächst gilt: Die Länge des Schlägerschaftes ist leicht zu verändern. Viele Golfer, selbst erfahrene, wissen das aber nicht. Sie quälen sich mit einem viel zu langen Putter (der an der Kleidung hängenbleibt) oder mit zu kurzen Eisen (die sie zu einer unnatürlich gebeugten Haltung zwingen) ab. Bei jedem Satz sind die Schläger unterschiedlich lang, insbesondere die Eisen sind im allgemeinen von Nummer zu Nummer um 12 Millimeter kürzer. Die Schaftlänge muß zu Ihrer Körpergröße passen! Es ist aber falsch, anzunehmen, daß alle großgewachsenen Spieler automatisch längere Schlägerschäfte benötigen – selbst wenn ihnen diese ein bequemeres Gefühl vermitteln. Kleingewachsenere Spieler bevorzugen zumeist kürzere Schläger, werden aber feststellen, daß auch die Standardlänge durchaus kontrollierbar ist. Es gibt kein Grundsatzmaß, welche Schlägerlänge für welchen Spieler die richtige ist. Entscheidend ist einzig, mit welchem Schläger Sie sich am besten fühlen. Wenn ich Anpassungen an den Schlägern meiner Schüler vornehme, so verändere ich zunächst meist nur einen einzigen Schläger. Dann lasse ich den Spieler mit diesem Schläger trainieren. Erst, wenn er mit diesem Schläger rundum zufrieden ist, werden auch die anderen Schläger verändert.

Der Schafttyp

Der Schlägerschaft ist der wichtigste Teil eines Eisens oder Holzes. Mit ihm kontrolliert man den Schlägerkopf und stellt sicher, daß sich der

Loftwinkel im Treffmoment nicht verändert. Von der Flexibilität des Schlägerschaftes hängt es ab, ob sich der Ballkontakt weich anfühlt. Der Schlägerschaft muß im Treffmoment nachgeben, weil sonst eine Kraft von etwa 700 Kilogramm (gemessen bei Berufsspielern) vom Körper aufgefangen werden müßte. Der richtige Schaft wird Ihnen zu bestmöglichen Ergebnissen verhelfen, immer vorausgesetzt, daß auch die anderen Kriterien wie Schlägerkopfform und Lie-Winkel Ihren Bedürfnissen entsprechen. Ein falscher Schlägerschaft kann Verlust von Schlagweite, Richtungskontrolle und Flughöhe bewirken. Die Festlegung des idealen Schafttyps ist allerdings auch die schwierigste. Bedenken Sie, daß Ihr »Gefühl« für einen Schläger vorrangig von der Rückmeldung, die er Ihnen im Treffmoment vermittelt, abhängt.

Graphitschäfte sind bedeutend leichtgewichtiger als Stahl, so daß mehr Masse im Schlägerkopf plaziert werden kann. Viele Golfer befinden, daß Graphitschäfte die Schlagweite verbessern, den Ballflug positiv beeinflussen und leichter zu schwingen sind.

Wenn Sie einen Schläger hin- und herschwenken, reagiert der Schägerkopf auf diese Schwingungen. Besonders im Abschwung biegt sich der Schaft etwas. Während die Arme den Schläger abwärts zum Ball ziehen, wird der Schlägerkopf daher etwas hinter den Händen zurückbleiben. Nähert sich der Schlägerkopf dem Ball, gibt der Schaft die während des Abschwungs aufgeladene Kraft frei, er streckt sich und überträgt die gesamte Energie auf den Ball. Ein falscher Schaft lädt sich im Abschwung zu sehr, oder – bei geringer Schlägerkopfgeschwindigkeit – zu wenig. Was im zweiten Fall niedrige, kurze und nach rechts verzogene Schläge zur Folge hat.

Vertrauen Sie bei der Frage nach dem richtigen Schlägerschaft zunächst Ihrem Golflehrer. Er kennt Ihren Schwung und die Schlägerkopfgeschwindigkeit, die Sie im Treffmoment erzeugen. Sobald Sie technisch versierter sind, sollten Sie verschiedene Schläger ausprobieren, um sich ein Bild darüber zu machen, welche Schafteigenschaften erfolgversprechend für Sie sind. Damen rate ich zumeist zu Schäften für geringere Schlägerkopfgeschwindigkeit, dabei handelt es sich in der Regel um flexiblere Schäfte.

Checkliste

❍ Maßgeschneiderte Schläger, die von den meisten Herstellern angeboten werden, gibt es für Golfer aller Spielstärken.

❍ Alternativ dazu kann auch ein Golflehrer die Schläger Ihren persönlichen Bedürfnissen anpassen.

❍ Der Lie-Winkel spielt insbesondere bei Eisen eine wichtige Rolle. Er hängt hauptsächlich von Ihrer Körpergröße ab und gewährleistet, daß die Schlägerkopfsohle im Treffmoment parallel zum Boden steht.

❍ Der Lie-Winkel kann, falls nötig, nachträglich verändert werden. Die meisten Schlägermodelle werden aber auch von Haus aus mit unterschiedlichen Lie-Winkeln angeboten.

❍ Die Griffstärke muß Ihrer Handgröße entsprechen. Wenn Sie den Schläger greifen, sollten linker Mittel- und Ringfinger den Daumenballen knapp berühren.

❍ Die Schaftlänge kann problemlos – und kostengünstig – angepaßt werden. Spielen Sie nicht mit zu langen oder kurzen Schlägern.

Das Spiel auf dem Platz

Gute Scores hängen vorrangig von Ihrem technischen Können ab. Allerdings spielt auch Ihre mentale Stärke eine gewichtige Rolle. Es sind verhältnismäßig wenige Golfer, die regelmäßig ihrem Können entsprechende Scores erzielen. Weitaus größer ist die Anzahl derer, die zehn oder gar zwanzig Schläge über ihrem tatsächlichem Potential abschneiden, nur weil ihre Spielstrategie Schwächen aufweist.

Gute Scores beinhalten Aspekte wie Einfallsreichtum in schwierigen Spielsituationen, Konzentration, Geduld oder auch Selbstbeherrschung. Geht es beim Golf doch um weitaus mehr, als nur Bälle zu schlagen. Vielmehr wird vom Spieler die Beherrschung aller in diesen Sport hineinspielenden Eventualitäten verlangt. So belohnt Golf gut organisierte Spieler, die ihre Gedanken beherrschen und sinnvoll einsetzen. Golf bestraft Spieler, die nur gelegentlich überlegt handeln und selten trainieren. Der Golfplatz setzt den Maßstab. Er entscheidet nicht nur darüber, ob Ihr Schwung effektiv für gute Schläge eingesetzt werden kann, sondern auch, ob Sie, je nach Spielsituation, die richtige Wahl treffen, ehe Sie den entsprechenden Schlag korrekt ausführen. Um das Beste aus Ihrem technischen Können zu holen, müssen Sie die elementaren Aspekte der Spielstrategie kennen – und berücksichtigen. Denn nur die gelungene Kombination zwischen Technik und Strategie führt zu niedrigen Scores!

Die Spielvorbereitung beinhaltet das Putt-Training, um Selbstvertrauen für das bevorstehende Spiel auf dem Platz zu entwickeln. Mit drei Bällen machen Sie zunächst einige gerade Putts, ehe Sie zu einer leicht ansteigenden Stelle auf dem Putting-Grün wechseln.

Spielvorbereitung

Richten Sie Ihre Aufmerksamkeit zunächst auf den Platz, sein Design und sein Layout. Überlegen Sie sich, wie jedes einzelne Loch am besten zu spielen ist und welche Schläge dafür benötigt werden. Ihre Gedanken müssen dabei ausschließlich auf jeden einzelnen Schlag konzentriert sein. Holen Sie ihn sich vor Ihr geistiges Auge und legen Sie gleichzeitig fest, welcher Schläger bei welchem Schlag der erfolgversprechendste ist. Ein organisierter Golfer hat seine Spielvorbereitung beendet, bevor er zum ersten Abschlag geht.

Überprüfen Sie, ob Sie genügend Bälle mit sich führen. Außerdem dürfen Tees, Ballmarker, mindestens ein (gespitzter!) Bleistift ebenso wenig fehlen wie Golfregelbuch und Regenanzug. Ihr Handschuh sollte in der Originalverpackung aufbewahrt sein, weil er so nicht austrocknet und dementsprechend geschmeidig bleibt. Je organisierter Sie vor und nach der Runde sind, desto mehr können Sie während der Runde Ihre ganze Aufmerksamkeit dem Platz schenken.

Ich empfehle nachdrücklich vor jedem Spiel eine Aufwärmphase. Im Idealfall handelt es sich dabei um eine Trainingseinheit, bei der gleich mehrere Ziele verfolgt werden: 1. Die Golfmuskeln sind zu strecken und für den vollen Schwung aufzuwärmen. 2. Für das bevorstehende Spiel muß ein Schwunggefühl aufgebaut werden. Dies gelingt am besten mit Hilfe eines Schwunggedankens, also einem Gedanken, auf den Sie sich in der Folge bei jedem Schlag fixieren können. (Beispielsweise: »Schwing ruhig«.) Von Schwungveränderungen in letzter Trainingsminute rate ich jedoch definitiv ab. Sie verheißen nichts anderes als ein Desaster! Auch sollten Sie vor der Runde – beginnend mit dem Wedge, endend mit dem Driver oder dem Holz 3 – nicht mehr als 30 oder 40 Bälle schlagen. Sollte Ihr Heimatclub über keine Driving-Range verfügen, so sind zumindest einige Trocken-Aufwärmübungen zu machen. Zum Beispiel spannen Sie einen Schläger hinter Ihren Nacken und trainieren so die Körperdrehung. Dies lockert Ihre Schulter- und Rückenmuskulatur. Machen Sie – aus Sicherheitsgründen möglichst weit von anderen Spielern entfernt – auch möglichst viele Probeschwünge, bei denen im Treffmoment immer das Gras gestreift werden muß. Auf dem Weg zum ersten Abschlag sollten Sie auf jeden Fall am Putting-Grün vorbeigehen. Machen Sie zunächst einige gerade, dann einige leicht ansteigende Drei-Meter-Putts. Führen Sie jeden Putt entschlossen und selbstbewußt aus und spüren Sie das Gefühl, wie der Schlägerkopf durch den Treffmoment hindurch leicht beschleunigt. Achten Sie auch darauf, Ihren Kopf ruhig zu halten und widerstehen Sie bewußt der Versuchung, dem Ball zu rasch nachzublicken.

Vergewissern Sie sich, daß Sie Ihre Scorekarte mit sich führen. Sollten Sie auf einem fremden Platz spielen, so müssen Sie sich nach eventuellen Platzregeln erkundigen, die üblicherweise am schwarzen Brett aushängen. Auch sollten Sie sich angewöhnen, vor dem ersten Abschlag Ihre Schläger zu zählen. Dies mag Ihnen überflüssig erscheinen, allerdings nur bis zu dem Tag, an dem Sie am ersten Grün feststellen, daß Sie Ihren Putter am Putting-Grün vergessen haben!

Spielplan

Auf jedem Golfplatz gibt es einen Weg, die 18 Löcher mit möglichst niedrigem Score zu durchlaufen. Dabei verlangt jedes Loch nach einer bestimmten Spieltaktik. Ihr Spielplan sollte – unter Berücksichtigung aller Aspekte der Spielstrategie und Schlägerwahl – so ausgelegt sein, daß an jedem Loch den größten Risiken ausgewichen wird, zuallererst sind dies die Ausgrenzen. Zu meiden sind ebenso hochstehende Roughflächen, in denen der Ball verloren gehen könnte; Plätze also, bei denen die Golfregeln bei Verstoß nur die Möglichkeit lassen, unter Hinzurechnung eines Strafschlages einen neuen Ball ins Spiel zu bringen. Nicht ganz so schlimm, aber dennoch zu vermeiden sind Situationen, in denen Sie einen Schlag verlieren (Ball im Wald, im hohen Rough oder im Wasserhindernis). Nehmen Sie im Zweifelsfall lieber einen Schlag aus dem Fairwaybunker in Kauf, denn so können Sie zumindest einiges an Distanz erzielen. Zuletzt gibt es noch Grünbunker und unebene Ball-Lagen, die bei der Erstellung des Spielplans auch berücksichtigt sein möchten.

Entscheidend ist, daß Ihr persönlicher Spielplan auf die Stärken und Schwächen Ihres Spiels eingeht. Haben Sie Probleme mit dem Grünbunkerschlag? Dann müssen Sie entweder diese Schläge trainieren, oder aber Ihren Spielplan so anlegen, daß Sie ihnen aus dem Weg gehen. Ich mag den Begriff »Quotengolf«, bei dem es vorrangig darum geht, den Ball im Spiel zu halten und die Mitte des Grüns anzuspielen, statt das Risiko einzugehen, die direkte Linie zur hinter einem tiefen Bunker plazierten Fahne zu suchen. Wichtig ist auch, den Ball stets in guter Lage vorzufinden. (Wer spielt schon gerne aus dichtem Rough heraus.) Vermeiden Sie nach Möglichkeit Hanglagen, weil diese nach einem hohen Maß an Ballkontrolle und Spielerfahrung verlangen. Entscheiden Sie sich für Schläger, mit denen Sie den Ball auf dem Fairway plazieren – und nicht für solche, mit denen Sie den Ball zwar 30 Meter weiter schlagen können, im Falle eines verzogenen Schlages aber hart bestraft werden. Es geht bei all dem nicht um ein ängstliches, zaghaftes Spiel, sondern um die richtige Einschätzung, wann sich das Angreifen lohnt, was normalerweise bei breiten Fairways mit »harmloser« Rough-Verteidigung der Fall ist. »Quotengolf« bedeutet auch, in gewissen Situationen die Ideallinie zu verlassen, um den Ball in einer mehr Erfolg verheißenden Position zu plazieren. Wenn Sie strategisch geschickt und effizient vorgehen, werden Sie die Scores erzielen, die Ihr technisches Können wiederspiegeln.

Nehmen Sie Ihr Spiel mit auf den Platz

Jedem Golfschlag muß eine Vorbereitungsroutine vorangehen, ein entscheidender Aspekt, der bei Tourspielern sehr gut zu beobachten ist. Die Schlagvorbereitungsroutine variiert zwar von Spieler zu Spieler, aber niemals bei einem Spieler von Schlag zu Schlag. Ein Golfschlag an sich dauert nicht einmal zwei Sekunden, nimmt aber 45 Sekunden in Anspruch! Denn begonnen wird er mit der gedanklichen Vorstellung. Ein Schlag, der zuvor nicht vor Ihrem geistigen Auge abgelaufen ist, ist von vornherein zum Mißerfolg verurteilt. Stellen Sie sich daher in Verlängerung der Ball-Ziel-Linie hinter den Ball und lassen Sie Ihrer Phantasie freien Lauf. Sehen Sie, wie der Ball zum Ziel fliegen wird? Gutes Golf verlangt nach positiv programmierten Gedanken, weil es unmöglich ist, sich in zwei Sekunden alle erdenklichen Schwungideen ins Bewußtsein zu rufen. Wenn Sie sich mit Hilfe einer konkreten Vorstellung an die Schlagvorbereitung machen, werden Sie sich richtig ausrichten und mit einem entspannten Schwung durch den Treffmoment hindurch in ein ausbalanciertes Finish gelangen.

Werden Sie zu einem guten Platzstrategen. Viele hohe Scores müssen hingenommen werden, weil der Spieler nicht in der Lage war, gute Schläge in gute Ergebnisse umzuwandeln.

Jeder erfolgreiche Golfschlag beginnt mit der Visualisierung. Sie müssen den Schlag vor Ihrem geistigen Auge sehen, bevor Sie ihn ausführen. Das »Sehen« des Ballfluges und das »Fühlen« des entsprechenden Schwungs wird Ihre Gedanken und Golfmuskeln auf Erfolg programmieren. Bevor Sie den Ball ansprechen, stellen Sie sich in der Verlängerung der Ball-Ziel-Linie hinter den Ball und lassen seine festgelegte Flugbahn noch einmal auf sich wirken.

Wenn Sie die Situationen rechtzeitig erkennen, in denen der Verlust von Schlägen droht, werden Sie sich eine andere Taktik zurechtlegen können und entsprechend vom »Quotengolf« belohnt werden!

Jedes Golfloch hat eine von Spieler zu Spieler unterschiedliche Ideallinie, die Sie vom Abschlag aus erkennen müssen. Es genügt ein Blick, um zu sehen, welche Fairway- und Grünseite die sichere Variante ist. Führt das Fairway durch eine Wald- oder Baumschneise, so ist es an Ihnen, festzulegen, mit welchem Schläger Sie diese Herausforderung, eventuell unter Inkaufnahme von Distanzverlust, am besten aufnehmen können. Halten Sie sich von Ausgrenzen ebenso fern wie von Rough- und Waldflächen, denn sie alle verheißen Gefahr.

Selbstredend gibt es keinen Spielplan, der universell von jedem Golfer angewandt werden kann, schließlich variieren die Spielstärken und -schwächen von Spieler zu Spieler. Es wird immer Golfer geben, die auf das Eisen 7 schwören, die keine Hölzer schlagen können oder die kurzen Putts enormen Respekt entgegenbringen.

Für die Zukunft können die Schwächen mit Hilfe eines entsprechenden Trainingsprogramms behoben werden. Doch für den Moment können ihre Auswirkungen durch einen durchdachten Spielplan reduziert werden.

Zur Verdeutlichung der Platzstrategie sollten wir uns drei Golflöcher genauer ansehen und dabei einen Spielplan erarbeiten.

Checkliste

❍ Beim Golf geht es nicht nur um lange und gerade Schläge, sondern auch um eine gute Platzstrategie, die Ihr technisches Können in niedrige Scores umwandelt.

❍ Werden Sie zu einem gut organisierten Golfer. Eine rechtzeitig gut vorbereitete Ausrüstung erlaubt Ihnen, sich ganz auf Ihr Spiel zu konzentrieren.

❍ Wärmen Sie sich vor dem Spiel mit einigen Schlägen auf der Driving-Range und einigen Putts auf dem Putting-Grün auf.

❍ Führen Sie immer ein Regelbuch mit sich und vergessen Sie niemals, sich vor der Runde nach den Platzregeln zu erkundigen.

❍ Legen Sie einen persönlichen Spielplan fest, an den Sie sich konsequent halten. Meiden Sie Platzstellen, wo harte Strafen wie Strafschlag und Distanzverlust drohen.

❍ Durchlaufen Sie bei jedem Schlag die gleiche Schlagvorbereitungsroutine. Stellen Sie sich in die Verlängerung der Ball-Ziel-Linie und lassen Sie den Schlag vor Ihrem geistigen Auge ablaufen.

❍ Jedes Golfloch hat einen erfolgverheißenden Weg vom Abschlag zum Grün, den es vor dem ersten Schlag zu erkennen gilt. So können Sie größere Risiken vermeiden und verschenken keine Schläge.

Loch 1

Ein 360 Meter langes Par 4. Der fortgeschrittene Spieler schlägt mit dem Driver ab und spielt das Grün mit einem entsprechend kurzen Eisen an. Der Anfänger aber sollte anders vorgehen. Für ihn gilt es, die Bäume linker Hand des Fairways und die Grünbunker zu berücksichtigen. Sein idealer Abschlag landet auf der rechten Fairwayseite, weil dort nur niedriges Rough droht, wenn der Schlag etwas nach rechts verzogen werden sollte. Den zweiten Schlag könnte

2
1

Links: **Loch 1, 360 Meter, Par 4. Der Durchschnittsgolfer sollte beim Abschlag die Bäume links berücksichtigen. Der beste Weg verläuft über die rechte Fairwayseite, hier können die Bäume den zweiten Schlag nicht behindern.**

der Spieler vor dem Bunker plazieren, so daß ihm dann nur ein kurzer Pitch aufs Grün verbleibt.
Auch wenn die Realität später von dieser Idealvorstellung abweichen sollte, lernen Sie auf diese Weise, die Gedanken zu programmieren. Sie erkennen die verschiedenen Spielmöglichkeiten, die Ihnen Golflöcher bieten und finden die für Sie beste Spieltaktik. Von dem ursprünglich festgelegten Spielplan sollten Sie nicht abweichen, selbst wenn einmal ein Schlag (oder auch mehrere) mißlingen sollte.

Loch 2

Ein 140 Meter langes Par 3, dessen rechte Grünhälfte von einem Wasserhindernis verteidigt wird. Der »Quotengolf«-Schlag führt auf die linke Seite des Grüns, wodurch selbst ein etwas nach rechts verzogener Schlag nicht im Wasser landen wird. Widerstehen Sie der Verlockung, den Helden spielen zu wollen: Das Angreifen der Fahne läßt keinen Spielraum für Fehler!
Das zweite Design-Merkmal, das es vom Abschlag zu berücksichtigen gilt, sind die Hügel auf der linken Seite hinter dem Grün. Ein Schlag, der in Fahnenhöhe oder kurz vor dem Grün landet, wird einen einfachen Chip oder einen geraden Putt zur Folge haben. Ein zu langer Abschlag indes wird Sie zu einem schwierigen Pitch über einen dieser Hügel zwingen.

Links: **Loch 2, 140 Meter, Par 3. Fahnenposition und das Wasserhindernis rechts vor dem Grün stellen die Schwierigkeiten dar. Der sichere Schlag wird auf die linke Grünhälfte gespielt, der Abschlag sollte im Zweifelsfalle lieber etwas zu kurz als zu lang sein, um den Hügeln hinter dem Grün aus dem Weg zu gehen.**

Loch 3

Ein 450 Meter langes Par 5. Auf langen Löchern ist es oft schwieriger, einen genauen Spielplan festzulegen, weil vom Abschlag nicht der gesamte Lochverlauf mit all seinen Hindernissen erkennbar ist.
Das Fairway steigt leicht an und verengt sich zum Grün hin. Beim Abschlag sind rechts Bäume zu berücksichtigen, während links das Rough lauert. Der Zielpunkt liegt daher etwas links der Fairwaymitte, wobei mit dem Holz 3 abgeschlagen werden sollte. Beim zweiten Schlag halten Sie sich kurz vor dem Fairwaybunker, der 110 Meter vor dem Grün plaziert ist. Der dritte Schlag mit einem mittleren Eisen verheißt dann keine Probleme mehr, da das Grün nicht durch Bunker oder Wasser verteidigt wird. Sollte der zweite Schlag dennoch im Fairwaybunker landen, so ist primär sicherzustellen, daß der vierte Schlag wieder aus einer ebenen, sauberen Lage ausgeführt werden kann. Versuchen Sie daher nicht, aus dem Fairwaybunker heraus übertrieben viel Länge zu erzielen!

Loch 3, 450 Meter. Par 5. Der Abschlag sollte etwas links von der Mitte des Fairways plaziert werden. So erreicht man die ideale Ausgangsposition für den zweiten Schlag, der kurz vor dem Fairwaybunker, etwa 110 Meter vor dem Grün, plaziert wird. Auf diese Weise geht man den Gefahren dieses Lochs am wirkungsvollsten aus dem Weg.

Fehler und Korrekturen

Irren ist menschlich. Selbst die besten Tourspieler müssen gelegentlich Fehlschläge oder falsche Entfernungsberechnungen hinnehmen. Profis, denen so etwas passiert, sieht man anschließend sehr oft auf der Driving-Range, wo sie von Kollegen Teilbereiche ihres Schwungs überprüfen lassen. Es ist Teil des Lernprozesses, daß sich jeder Anfänger zunächst Schwungfehler aneignet. Voraussetzung zum Erhalt des Lernprozesses – und der Spielfreude – ist die Fähigkeit, Fehler zu erkennen und zu korrigieren.

In den ersten Jahren Ihres Golferlebens werden sich immer wieder Fehler in Ihr Spiel einschleichen, weil Sie noch dabei sind, Ihr Muskelgedächtnis aufzubauen. Solange Sie den Bewegungsablauf nicht unbewußt kontrollieren, müssen Sie noch an alle Schwungdetails denken. Ziel ist es, Ihren Schwung zu »automatisieren«. Die hierfür erforderliche Präzision setzt voraus, daß Sie sich an gewisse Lernkonzepte und -schemen halten. Lernen Sie die fundamentalen Schwungaspekte, befolgen Sie sie – und trainieren Sie die Schwungbewegung, bis Ihnen diese in Fleisch und Blut übergegangen ist.

wLinks: **Richtungsfehler fallen in vier Kategorien: Push und Pull fliegen zwar gerade, landen aber rechts bzw. links des Ziels. Bälle, die nach einer kurvenförmigen Flugbahn das Ziel links bzw. rechts verfehlen, nennt man Hook bzw. Slice.**

Golf kann als Spiel der Fehler bezeichnet werden. Ihr Score zeigt auf, wie gut Sie Fehler vermeiden und wie erfolgreich Sie den Ball im Spiel halten. Nur eine geringfügige Veränderung genügt, und Ihr Schwung wird einen schlechten Schlag produzieren. Die ständige Wiederholbarkeit des technisch anspruchsvollen und präzisen Bewegungsablaufs ist Teil der Herausforderung. Der entscheidende Punkt liegt darin, jeden Schwungfehler zu erkennen und zu korrigieren, bevor er sich durch stundenlanges Training der fehlerhaften Bewegung auch noch festigt. Die meisten Schwungfehler sind relativ leicht erkennbar und mit nur etwas Training auch zu korrigieren, sofern Sie sich noch nicht im Muskelgedächtnis festgesetzt haben. Schlechte Golfer, die ständig mit Schwungproblemen kämpfen, verbringen wahrscheinlich viel Zeit auf der Driving-Range. Aber es ist die Qualität des Trainings und nicht etwa die Anzahl der geschlagenen Bälle, die zum Erfolg führt. Lassen Sie sich vom Golfschwung nicht irreführen! Eine richtige Vorgehensweise vorausgesetzt, ist er gar nicht so kompliziert. Die Korrektur eines Schwungfehlers verlangt oft nach fachkundiger Unterstützung eines Golflehrers. Lernen Sie zunächst Ihren Schwung kennen und trainieren Sie dann konstruktiv, um ein Muskelgedächtnis aufzubauen.

Top und »dünn« getroffener Ball

Beim Top wird der Ball mit der Führungskante (»Leading edge«) oberhalb seines Äquators getroffen. Dadurch wird er teilweise in den Boden getrieben, weil der Loft der Schlagfläche nicht auf den Ball einwirkt und ihn somit nicht in die Luft schlägt. Der Ball springt oder rollt nach vorne und legt zumeist nur eine kurze Entfernung zurück. Beim »dünn« getroffenen Ball indes trifft die Führungskante auf die Mitte des Balles. Dadurch fliegt er nur sehr niedrig und büßt ebenfalls einiges an Distanz ein. Die Ausnahme ist der »dünn« getroffene Pitch, der aufgrund seiner niedrigen Flugkurve weit über das Grün hinaus fliegen oder rollen wird. Als Anfänger werden Sie häufig mit diesen beiden Fehlschlägen konfrontiert. Der Ball ist ein nur kleines, auf dem Boden liegendes Objekt, das mit dem Schlägerkopf getroffen werden muß. Der Schlägerkopf muß dabei den Boden streifen oder sogar ein kleines Divot herausschlagen. Es gibt bei einem guten Schwung zwei Arten von Treffmomenten. Beim aufgeteeten Ball sollte der Schlägerkopf dessen Rückseite treffen, liegt der Ball auf dem Boden, sollte der Schlägerkopf am tiefsten Punkt des Schwungbogens das Gras streifen oder gar in den Boden treffen. Ich sehe es gerne, wenn Anfänger viele Probeschwünge machen, statt viele Bälle zu schlagen. So konzentrieren sie sich auf die Schwungbewegung und nicht auf das zu treffende Objekt. Viele Golfer glauben, daß der Ball automatisch getroffen wird, so der Schläger aus der Ansprechposition heraus korrekt geschwungen wird. Doch in meinen Augen will auch dies, insbesondere die hierfür notwendige Hand-Augen-Koordination, erst einmal erlernt sein. Sie müssen lernen, den Schlägerkopf gut zu kontrollieren – ein Vorgang, der viel Training in Anspruch nimmt. Machen Sie niemals einen Probeschwung, bei dem der Schlägerkopf den Boden nicht berührt – dies würde Ihr Schwungproblem nur verschlimmern. Nutzen Sie jede sich bietende Gelegenheit, um Probeschwünge mit einem gezielten Vorhaben zu machen. Das heißt: Mit dem Schlägerkopf den Boden zu berühren! Es kann auch sein, daß Sie sich noch einmal intensiv mit den fundamentalen Aspekten des Schwungs auseinandersetzen müssen, um eine Korrektur zu verstehen. Generell gilt: Beim vollen Schwung wird der Schlägerkopf um das Schwungzentrum herum bewegt. Denn Ihr Körper braucht einen zentralen Punkt, der die Schwungachse bildet. Diese Schwungachse ist Ihr Rückgrat, um das herum sich der Oberkörper dreht. Das Schwungzentrum ist der obere Bereich Ihres Brustbeins, also der Punkt inmitten Ihrer Schultern. Beim vollen Schwung drehen die Schultern im Rückschwung um etwa 90 Grad und im Durchschwung etwas weiter, wobei die Neigung des Rückgrats konstant und stabil gehalten und erst in der Endphase des Durchschwungs in eine fast vertikale Position angehoben wird. (Bis zu diesem Moment verbleibt das Rückgrat im gleichen Winkel wie in der Ansprechposition.) Der Schwungbogen wird vom Schlägerkopf vorgegeben. Von der Ballansprache bis zum Treffmoment bleibt der linke Arm im Ellbogenbereich mehr oder minder gerade (aber nicht durchgedrückt!) Die vom linken Arm und Schlägerschaft gebildete Linie bestimmt den Radius des Schwungbogens. Der Schläger bleibt auf dem vom linken Arm vorgegebenen Schwungradius, bis der rechte Arm nach dem Treffmoment die Führungsrolle übernimmt. Mit anderen Worten: Solange Zentrum und Radius während des Schwungs konstant bleiben, wird das Ergebnis ein solider Ballkontakt sein, wobei der Schlägerkopf im Treffmoment den Boden berührt.

Die Neigung des Rückgrats

Beim Training sollten Körperhaltung und -drehung regelmäßig überprüft werden. Schauen Sie sich noch einmal die Ansprechposition an, aus der heraus Sie am effizientesten schwingen. Winkeln Sie Ihre Knie etwas an, um die Balance zu verbessern. Dabei spüren Sie, daß Ihr Gewicht gleichmäßig zwischen Fersen und Zehen verteilt ist. Ihr Kinn ist etwas von der Brust abgehoben, so ermöglichen Sie eine gute Schulterdrehung. Ihre Arme hängen entspannt von den Schultern.

Aus dieser Position schwingen Sie nun zunächst zurück und dann durch den Ball, indem Sie Ihre Schultern um das Rückgrat drehen. Die Neigung des Oberkörpers muß konstant bleiben, bis der Ball weggeschlagen ist, der Oberkörper wird erst am Ende des Durchschwungs angehoben. Trainieren können Sie dies, indem Sie einen Schläger unter Ihrem Nacken spannen, dann die Ansprechposition einnehmen und die Drehung üben. Sie werden rasch feststellen, ob sich die Neigung des Rückgrats verändert oder nicht! Achten Sie insbesondere darauf, wie die linke Schulter im Rückschwung und die rechte im Durchschwung unter das Kinn drehen. Die Schultern drehen um 90 Grad um das Rückgrat, eine gar nicht so schwere Aufgabenstellung, sofern Sie zuvor in der Ansprechposition die richtige Körperhaltung bezogen haben.

Golfer, die den Ball häufig toppen, stehen zumeist falsch am Ball, bevor sie die Schwungbewegung beginnen. Oft beugen sie sich zu sehr aus der

Um den Ball solide zu treffen, muß der Winkel des Rückgrats während des gesamten Schwungs unverändert bleiben. Um dies zu trainieren, spannen Sie einen Schläger hinter Ihre Schultern und beziehen Ihre Ansprechposition. Achten Sie darauf, wie die linke Schulter unter das Kinn dreht und der Schaft zu einem etwa drei Meter entfernten Punkt auf dem Boden zeigt. Im Durchschwung erfolgt dann eine spiegelbildliche Aktion, nun dreht die rechte Schulter unter das Kinn.

✓ RICHTIG ✓

Links: **Die ideale Körperhaltung in der Ansprechposition, aus der heraus Sie im Rückschwung befreit drehen können. Beachten Sie, daß der Kopf von der Brust weggehoben ist. So schaffen Sie den nötigen Raum für die Schulterdrehung.**

✗ FALSCH ✗

Rechts: **Golfer hören oft, sie sollten den Kopf unten halten. Dies führt zu getoppten Schlägen – obgleich der Kopf nun näher am Ball ist! Der gesenkte Kopf schränkt die Bewegungsfreiheit ein. Richten Sie Ihr Kinn nach oben und halten Sie den Kopf nicht nach unten.**

✓ RICHTIG ✓

Die Sequenz der Abschwungbewegung bestimmt, wie der Schlägerkopf im Treffmoment an den Ball kommt. Ein befreiter Armschwung erzeugt Schlägerkopfgeschwindigkeit und erhält bis zum Treffmoment den vollen Schwungradius. Dadurch wird die Rückseite des Balles solide getroffen. Bestätigt wird dies bereits in der Dreiviertel-Durchschwungstellung: Die rechte Schulter hat unter das Kinn gedreht, die Neigung des Rückgrats wurde durch den Treffmoment hindurch beibehalten und erst am Ende des Durchschwungs richtet sich der Oberkörper auf.

Hüfte oder aus den Knien – weil sie den »Halten Sie den Kopf unten, bis der Ball geschlagen ist«-Ratschlag zu beherzigen versuchen. (Ergebnis: zumeist ein Top.)
Eine gute Körperhaltung ermöglicht dem Oberkörper, befreit nach beiden Seiten zu drehen. (Kopf und insbesondere Kinn müssen dabei von der Brust abgehoben sein, um die Drehung des Oberkörpers nicht zu behindern.) Wenn Sie den Kopf senken, um den Ball besser zu sehen

oder länger über ihm gebeugt zu bleiben, schränken Sie Ihre Drehung schon im Rückschwung ein. Ihnen bleibt dann nur, den Oberkörper aufzurichten, um noch eine Drehung vollziehen zu können. Dieses Aufrichten verändert aber die Neigung des Rückgrats und verursacht einen getoppten Schlag. Andererseits habe ich noch niemals jemanden den Ball toppen sehen, nur weil er den Kopf zu früh angehoben hätte!
Golfer, die Ihren Oberkörper zu früh aufrichten, verändern nicht nur die Neigung des Rückgrats, sondern auch ihr Schwungzentrum. Dadurch wird der Ball dann in seinem oberen Bereich getroffen.
Ein anderer weitverbreiteter Fehler: Sie setzen zuviel Kraft ein, um Schlägerkopfgeschwindigkeit zu erzeugen. Fortgeschrittene Golfer wissen, daß ein kraftvoller Schwung weitaus mehr von Technik abhängt als von Muskelkraft. Der Anfänger muß dies erst lernen. Zunächst fällt es ihm schwer, geschmeidig zu schwingen, wenn das Ziel noch einige hundert Meter entfernt ist. Jeder Golfer wird aber auch die Erfahrung machen, wie überraschend weit der Ball doch fliegt, wenn er mit einem verhältnismäßig langsamen, kontrollierten Schwung geschlagen wurde statt mit einem kraftvollen und zu frühen Einsatz der Schulterdrehung.

✗ FALSCH ✗

Eine fehlerhafte Sequenz des Abschwungs beginnt oft schon mit einem zu frühen Einsatz der breiten Rückenmuskulatur und der Schultern, weil der Spieler glaubt, den Ball so kraftvoller schlagen zu können. Dadurch wird aber das Rückgrat angehoben und der Ball getoppt. Die Veränderung der Körperhaltung wird im Durchschwung deutlich: Die rechte Schulter hat nach vorne statt unter das Kinn gedreht.

Der Schwungradius

In der Ansprechposition sollte der linke Arm bequem gestreckt sein, der rechte Ellbogen hingegen ist entspannter und etwas zum Körper gebeugt. Um den Ball kraftvoll zu treffen, muß der linke Arm diesen vorgegebenen Radius im Treffmoment unverändert beibehalten. Der Arm ist auf keinen Fall fest durchzustrecken, dies wäre unnatürlich und würde den Schwung in hohem Maße beeinträchtigen. Ein Golfschwung mit bewußt gestreckten Armen führt zwangsläufig zu getoppten Schlägen. Wichtig ist eine befreite, geschmeidige Beschleunigung des Schlägerkopfes – und keine, die verkrampft durch den Treffmoment hindurch gesteuert wird. Anspannung ist der Feind einer freien Schwungbewegung – vor und im Treffmoment! Es bedarf einiger Übung, um den linken Arm bequem gestreckt zum Treffmoment zu schwingen. Doch das Gewicht des Schlägers, das um das Schwungzentrum herum beschleunigt wird, erzeugt beachtliche Fliehkraft, die es zu nützen gilt. Fühlen Sie, wie der relativ schwergewichtige Schlägerkopf auf einer konstant bleibenden Umlaufbahn um den Körper herum bewegt wird. Er bleibt dabei stets auf der gleichen Schwungebene, um die Rückseite des Balles solide zu treffen. Die Zentrifugalkraft reicht aus, um die Arme in einer korrekten und weitgehend gestreckten Position durch den Treffmoment hindurch zu schwingen. Zudem verhindert sie ein zu frühes Abwinkeln der Arme.

Checkliste

❍ Achten Sie auf eine gute Körperhaltung in der Ansprechposition: Der Oberkörper ist nach vorne gebeugt, die Arme hängen entspannt herab.

❍ Vollziehen Sie die Körperdrehung, ohne die Neigung des Rückgrats zu verändern.

❍ Der linke Arm bleibt während des Rück- und Durchschwungs so gestreckt, wie er dies in der Ansprechposition war.

❍ Der rechte Arm wird sich erst im Durchschwung strecken.

❍ Machen Sie zunächst viele Probeschwünge. So lernen Sie, im Treffmoment mit dem Schlägerkopf den Boden zu berühren.

»Fett« getroffener Ball

Der Schlägerkopf sollte am tiefsten Punkt des Schwungs sauber auf den Ball treffen. Durch die Abwärtsbeschleunigung kann unmittelbar nach dem Ball auch ein Divot herausgeschlagen werden, wodurch sich der Loft der Schlagfläche jedoch nicht verändert. Beim »fett« getroffenen Ball erreicht der Schlägerkopf zu früh den tiefsten Punkt des Schwungs und trifft daher vor dem Ball in den Boden. Geschieht dies beim Schlag mit einem Holz, wird die Schlägerkopfsohle zumeist vom Boden abprallen und den Ball immer noch verhältnismäßig weit transportieren. Anders verhält es sich beim Eisen. Dessen Schlägerkopf bohrt sich in den Boden, die Schlägerkopfgeschwindigkeit wird entsprechend abgebremst und der Ball nur wenige Meter zurücklegen.

Dieser Fehler ist nicht so schlimm wie der Top, weil der Schlägerkopf zumindest noch den Boden berührt – obgleich an der falschen Stelle. Schauen wir uns zunächst an, wo der Ball im Stand zu plazieren ist. Bei den meisten Golfern ist der tiefste Schwungpunkt jene Stelle am Boden, die sich etwas links des Kopfes befindet. (Links der Standmitte, jedoch nicht gegenüber des linken Fußes!) Machen Sie einige Probeschwünge, um sich dies zu vergegenwärtigen. Achten Sie dabei insbesondere darauf, wo der Schlägerkopf den Boden trifft. Während des Abschwungs muß bekanntlich eine Verlagerung des Gewichts erfolgen. Golfer, die den Ball »fett« treffen, haben normalerweise eine falsche Gewichtsverlagerung. Der Anfänger verläßt sich ungern auf die Neigung der Schlagfläche, um den Ball in die Luft zu schlagen. Was er noch nicht weiß: Jeder Versuch, den Ball in die Luft zu heben (»löffeln«), in dem der Spieler vor dem Treffmoment den Körper zurückfallen läßt, wird den Schlägerkopf zu früh in den Boden treffen lassen. Dieses Schwungproblem läßt sich leicht beheben, sofern Sie auf der Driving-Range logisch vorgehen und den Körper dem Armschwung folgen lassen. Beenden Sie jeden Durchschwung mit einem soliden Finish und überprüfen Sie dabei, ob Ihr Gewicht völlig nach links verlagert wurde. Vertrauen Sie dem Neigungswinkel (Loft) Ihrer Schlagfläche. Als Anfänger sollten Sie diese Übung auf der Driving-Range mit einem loftreichen Schläger (Eisen 8 oder 9) machen.

Denn ein Schläger mit viel Loft wird Sie ermutigen, das Gewicht auf die Zielseite zu verlagern und somit Vertrauen in Ihr Spiel zu entwickeln.

Ein anderer Grund für das zu frühe Treffen des Bodens kann in einer fehlerhaften Körperhaltung in der Ansprechposition oder einer Veränderung der Körperhaltung während des Abschwungs liegen. Eine gute

Beim Schlag mit dem Eisen wird der Ball in der Abwärtsbewegung getroffen und anschließend ein kleines Divot herausgeschlagen *(links).* Der Ball ist etwas links der Standmitte plaziert, im Treffmoment lastet das Gewicht vorwiegend auf der linken Seite. Golfer, die oft zu früh den Boden treffen *(rechts),* verlagern zumeist das Gewicht nicht von rechts nach links, wodurch auch der Kopf hinter dem Ball zurückbleibt.

Überprüfen Sie, ob Sie den Durchschwung korrekt beenden und ob Sie dabei 90 Prozent Ihres Gewichts nach links verlagern *(unten links).* Das rechte Knie hat sich zum Ziel hin bewegt, die rechte Ferse hat sich völlig vom Boden gelöst. Vergleichen Sie diese Körperstellung mit jener, bei der die Golfer den Ball »fett« treffen *(unten rechts).* In diesem Fall wurde das Gewicht nicht nach links verlagert, der Oberkörper ist zu weit rechts.

Körperhaltung erlaubt Ihnen, großgewachsen vor dem Ball zu stehen, auch wenn Ihr Oberkörper nach vorne gebeugt ist. Aus dieser Haltung heraus können Sie ungehindert nach beiden Seiten drehen, ohne dabei das Schwungzentrum zu verändern. Eine falsche Körperhaltung (oder deren Veränderung während des Abschwungs) hat Auswirkungen auf den Treffmoment. Sehr verbreitet ist dabei der Fehler, den Oberkörper zu weit nach vorne zu beugen, wodurch Sie weiter vom Ball entfernt stehen müssen. So können Sie während des Schwungs das Gleichgewicht nicht halten, Sie neigen dazu, nach vorne zu fallen und dadurch zu früh den Boden zu treffen. Korrigieren Sie gegebenenfalls Ihre Körperhaltung, indem Sie den Oberkörper etwas aufrichten und sich näher zum Ball stellen.

Um beständig die Rückseite des Balles zu treffen, muß der Winkel des Rückgrats während des ganzen Schwungs unverändert bleiben. Zu Beginn des Abschwungs zieht der linke Arm abwärts, gleichzeitig drehen die Schultern zum Ziel *(oben links).* Fällt die rechte Schulter während des Abschwungs nach unten *(oben rechts),* verlagert sich das Schwungzentrum nach rechts. Dadurch trifft der Schlägerkopf zu früh in den Boden. Dieser Fehler tritt oft bei besseren Golfern auf, weil sie versuchen, durch das »Schieben« der Beine mehr Kraft in den Schlag zu legen.

Checkliste

❍ In der Ansprechposition ist der Ball gegenüber der linken Kopfseite plaziert, also etwas links der Standmitte.

❍ Überprüfen Sie, ob Sie Ihr Gewicht in die Schwungrichtung verlagern. Achten Sie insbesondere auf Ihre Körperhaltung im Finish.

❍ Üben Sie zunächst mit einem Loftreichen Schläger (Eisen 8 oder 9). So entwickeln Sie mehr Selbstvertrauen.

❍ Wenn all dies nichts hilft, sollten Sie Ihre Ansprechposition kritisch überprüfen. Vergewissern Sie sich Ihrer korrekten Körperhaltung, bei der der Oberkörper nicht zu weit nach vorne gebeugt ist.

Unterschlagener Ball

Unterschlagene Bälle treten nur bei Schlägen mit dem Holz auf, bei denen dann die obere Kante der Schlagfläche auf den Ball trifft. Dies geschieht, weil sich der Schlägerkopf zwischen Ball und Boden schiebt, der Ball wird sehr hoch statt niedrig und entsprechend kürzer fliegen.
Golfer, die gegen unterschlagene Bälle zu kämpfen haben, werden instinktiv den Ball niedriger aufteen. Doch hierin liegt nur selten der Grund des Übels! Schauen wir uns an, was genau im Treffmoment geschieht, wenn die obere Kante der Schlagfläche den Ball hoch in den Himmel schlägt. Der Abschwung wird zu steil und die Hände weit vor dem Schlägerkopf positioniert sein. Dadurch ist der Schaft zu weit zum Ziel geneigt, was einerseits den Loft der Schlagfläche verringert und andererseits die obere Kante der Schlagfläche auf den Ball treffen läßt. Der Ball wird schon in der Abwärtsbewegung getroffen. Ein Abschlag mit dem Holz ist am wirkungsvollsten, wenn die Schlägerkopfsohle im Treffmoment parallel zum Boden steht. Bei unterschlagenen Drives schwingt der Golfer abwärts zum Ball und nicht durch den Ball hindurch.
Der Fehler kann bereinigt werden, wenn die fehlerhaften Treffmomentfaktoren erkannt sind. Golfer, die die Hölzer häufig unterschlagen, neigen oftmals auch zum Slice, Pull, Top oder »fett« getroffenen Ball. Sprich, sie treffen den Ball sehr unbeständig. Überprüfen Sie zunächst Ihre Ansprechposition: Der Ball sollte

✓ RICHTIG ✓

Der Treffmoment beim Driver: Der Schlägerkopf nähert sich in einem stumpfen Eintreffwinkel dem Ball. Obwohl das Gewicht größtenteils nach links verlagert wurde, hat sich der Kopf nicht zum Ziel hin bewegt. Die Hände sind auf gleicher Höhe wie der Schlägerkopf.

✗ FALSCH ✗

Der Ball wird unterschlagen, wenn die Hände – und zumeist auch der Oberkörper – im Treffmoment zu weit vor dem Schlägerkopf sind. Ergebnis: Ein sehr steiler Eintreffwinkel des Schlägerkopfes. Der Ball wird mit der oberen Kante der Schlagfläche getroffen.

links der Standmitte plaziert und das Gewicht etwas nach rechts verlagert sein, damit der Ball im Treffmoment mit einer leichten Aufwärtsbewegung des Schlägerkopfes getroffen wird. (Ist der Ball zu weit rechts im Stand plaziert oder das Gewicht zu wenig nach rechts verlagert, wird der Ball noch in der Abwärtsbewegung getroffen!)
Danach überprüfen Sie die Ausrichtung Ihrer Schultern und Ihre Schwungrichtung. Sind die Schultern in der Ansprechposition »offen«, also links des Ziels ausgerichtet, wird der Schlägerkopf im Treffmoment die Ziellinie von außen nach innen kreuzen. Der Schwung wird steiler sein und der Schlägerkopf sich im Treffmoment noch in der Abwärtsbewegung befinden. Der Schwung kann aber auch bei einer korrekten Schulterausrichtung im Treffmoment von außen nach innen verlaufen, sofern Sie im Rückschwung nicht richtig drehen oder im Abschwung die rechte Schulter zu früh nach vorne drücken.
Bei der Mehrheit der Golfer, die ihre Abschläge unterschlagen, sind die Hände im Treffmoment zu weit vor dem Schlägerkopf. Folge: Die Schlagfläche ist im Treffmoment etwas geöffnet, was wiederum erklärt, warum

Checkliste

❍ Das Unterschlagen eines Balles rührt aus einem zu steilen Eintreffwinkel im Treffmoment.

❍ Beim Holzschlag vom Tee sollte sich der Schlägerkopf im Treffmoment schon wieder in der Aufwärtsbewegung befinden. Dies gewährleistet maximale Schlagweite. In der Ansprechposition ist der Ball links der Standmitte plaziert und das Körpergewicht nach rechts verlagert.

❍ Überprüfen Sie Ihre Schulterausrichtung und Schwungrichtung! Der Schläger sollte im Treffmoment von der Körperseite her zum Ball schwingen.

❍ Beim unterschlagenen Ball sind die Hände im Treffmoment zumeist zu weit vor dem Schlägerkopf.

❍ Der rechtzeitige Einsatz der Handgelenke im Abschwung hat einen stumpfen Eintreffwinkel zur Folge. Ergebnis: solider Ballkontakt.

✗ FALSCH ✗
Die beiden häufigsten Fehler, die zu unterschlagenen Bällen führen: Erstens ist der Ball rechts der Standmitte plaziert, zweitens liegt zu viel Gewicht auf der linken Seite, wodurch der Abschwung noch steiler verlaufen wird.

✓ RICHTIG ✓
Überprüfen Sie die Ballposition. Der Ball sollte 10 Zentimeter von der Innenseite des linken Absatzes entfernt plaziert sein. Wenn Sie Ihr Körpergewicht noch etwas mehr nach rechts verlagern, wird der Schlägerkopf in der Aufwärtsbewegung auf den Ball treffen.

✓ RICHTIG ✓
Ihre Ansprechposition muß Ihnen ermöglichen, den Schläger um den Körper herum zu schwingen. Achten Sie darauf, daß Ihre Schultern square ausgerichtet sind.

✗ FALSCH ✗
Eine offene Ausrichtung der Schultern *(oben)* bewirkt, daß der Schläger gerade vom Ball weggeschwungen wird. Die Schulterdrehung verringert sich, wodurch der Schlägerkopf im Treffmoment gerade entlang der Ball-Ziel-Linie zum Ball gelangt. Solch ein Schwung ist zu steil, der Ball wird noch in der Abwärts- und nicht in der Aufwärtsbewegung getroffen.

diese Spieler auch zum Slice neigen. Sollten Sie trotz korrekter Ansprechposition den Ball oft unterschlagen, so dürfte die Ursache in einer fehlerhaften Schwungrichtung liegen. Wenn Sie von «innen« zum Ball schwingen, der Schläger sich also im Treffmoment von der Körperseite her zum Ball bewegt und sich gleichzeitig der Winkel der Handgelenke auflöst, wird der Eintreffwinkel stumpf, der Schwungbogen im Treffmoment entlang der Ball-Ziel-Linie verlaufen und die Schlagfläche auf die Rückseite des Balles treffen.

✗ FALSCH ✗
***Links:* Der typische Abschwung beim Unterschlagen des Balles. Eigentlich sollte sich der Schlägerschaft in dieser Position parallel zur Linie der Füße befinden, ist nun aber deutlich außerhalb. Der Schläger kann nur steil zum Ball (Ergebnis: ein Top) oder unter den Ball hindurch (Ergebnis: ein unterschlagener Ball) schwingen.**

Socket

Kein Golfschlag ist so deprimierend wie der Socket, was jeder Spieler bestätigen kann, dem dieser Fehlschlag gelegentlich wiederfährt. Der Socket, englisch »Shank« genannt, tritt auf, wenn der Ball mit der Schlagflächenferse oder dem Hosel (Verbindung zwischen Schlägerkopf und Schaft) getroffen wird. Beim Schlag mit dem Holz besteht keine Socket-Gefahr, weil sich der Hosel nur beim Eisen bis zur Schlägerkopfsohle erstreckt. Der Socket tritt daher ausschließlich bei Eisenschlägern auf. Der Ball fliegt beim Socket weit nach rechts, wenn nicht gar im rechten Winkel. Oft betrifft das Socket-Problem nur einen Teilbereich des Spiels, wie beispielsweise die kürzeren Schläge zum Grün. Zudem ist der Socket ein Problemschlag, der oft lange Zeit völlig verschwindet, ehe er dann – ohne ersichtlichen Grund – wieder auftritt. Sollten Sie davon betroffen sein, so können Sie sich selbst auf die Fehlersuche begeben – oder hierfür die Unterstützung eines Golflehrers in Anspruch nehmen. Meiner Erfahrung nach ist die Lösung zumeist recht einfach, sofern es gelingt, den Fehler innerhalb des Schwungs genauestens zu lokalisieren. Allerdings wird die Korrektur etwas Zeit in Anspruch nehmen, muß doch das alte Muskelgedächtnis durch ein neues ersetzt werden. In meinen Augen sind langfristige und somit anhaltende Schwungkorrekturen nur im Bereich der elementaren Aspekte der Schwungtechnik zu finden. Beim Socket gibt es zwei mögliche Fehlerquellen: Der erste ist eng mit dem Slice verwandt, der zweite im Bereich der falschen Schwungebene zu finden.

Der Socket mit offener Schlagfläche

Wenn Sie oft slicen und gelegentlich Sockets schlagen, sollten Sie sich die Stellung Ihrer Schlagfläche genauer ansehen. Vor allem, wenn der Socket zumeist bei Schlägen aus 30 bis 40 Metern zum Grün auftritt, ist diese Fehlerursache in Betracht zu ziehen.
Ein gerader Schlag ist das Ergebnis einer im Treffmoment parallel zur Ball-Ziel-Linie verlaufenden Schwungrichtung sowie einer square ausgerichteten Schlagfläche. Ein Slice hin-

Der Socket mit geöffneter Schlagfläche ereilt meist Golfer, die auch häufig slicen. Die im Treffmoment offene Schlagfläche bewirkt, daß der Hosel den Ball zuerst trifft. Ein Fehler, der oft durch eine falsche Schwungebene noch verstärkt wird.

Beim allseits gefürchteten Socket wird der Ball mit dem Hosel getroffen, fliegt daher nach rechts und landet im Wald oder Rough. Der Socket tritt zumeist bei 40-Meter-Pitches auf.

gegen dreht nach rechts ab, weil die Schlagfläche geöffnet ist, wobei sich mit zunehmender Öffnung der Schlagfläche der effektive Treffbereich verringert. Bleiben nun die Handgelenke passiv, so wird der Ball mit dem Hosel getroffen. Daher neigen Slice-anfällige Golfer oft auch zum Socket, der extremen Slice-Version. Sockets widerfahren häufig Golfern, die bei Pitches die Hände im Rückschwung zu sehr aufdrehen und daraufhin im Abschwung die rechte Schulter übertrieben stark einsetzen. Hierin wird oft – fälschlicherweise – die Socket-Ursache gesehen. Tatsache aber ist, daß die rechte Schulter aufgrund eines mangelnden Einsatzes der Handgelenke und Unterarme zu früh nach vorne dreht, worauf der Oberkörper den fehlenden Armschwung zu kompensieren versucht.

✓ RICHTIG ✓

In der idealen Treffmomentposition befinden sich die Hände etwas vor dem Ball. Die Schlagfläche ist square ausgerichtet, weil sich der Winkel in den Handgelenken während des Abschwungs aufgelöst hat.

Die Lösung liegt in einer Veränderung des übertriebenen Aufdrehens und Abwinkelns der Handgelenke im Rückschwung. Überprüfen Sie auf halbem Weg des Rückschwungs, ob die Führungskante (»Leading edge«) auf die 11.30-Uhr-Stellung zeigt. Im Abschwung müssen rechte Hand und rechter Unterarm über den linken Unterarm drehen, bevor der Schlägerkopf den Treffmoment erreicht. Damit stellen Sie sicher, daß sich die Schlagfläche wieder schließt. Überprüfen Sie die Position der Schlagfläche auch auf halbem Wege des Durchschwungs. Die Führungskante sollte nun erneut in der 11.30-Uhr-, wenn nicht gar in der 11-Uhr-Stellung sein. Je mehr sich die Schlagfläche während des Schwungs schließt, desto weniger verfrüht wird die rechte Schulter nach vorne drücken. So kommt es, daß viele Golfer durch die Socket-Korrektur gleichzeitig auch ihren Slice erfolgreich kurieren.

Die Veränderung der Schwungebene

Veranschaulichen Sie sich einen Schwung um den Körper: Während des Rückschwungs verläuft dieser sowohl aufwärts als um den Spieler herum, im Abschwung auf der gleichen Linie zum Treffmoment zurück und schließlich im Durchschwung wieder sowohl aufwärts als erneut um den Körper. Mit anderen Worten: Der Schwung verläuft kreisförmig um das Schwungzentrum, das zwischen den Schultern liegt.

Die Schwungebene wird durch die Ansprechposition bestimmt, also der Kombination aus Schlägerschaftlänge, Körperhaltung und Entfernung zum Ball. Stellen Sie sich in der Ansprechposition eine Linie vom Ball zu Ihrem Schwungzentrum vor – parallel zu dieser Linie wird der Schlägerschaft während des Schwungs verlaufen. Auf halbem Weg des Rückschwungs liegt der Schlägerschaft ebenso parallel zum Boden und zur Ball-Ziel-Linie wie am höchsten Punkt des Rückschwungs. Dies bestätigt, daß der Schläger während des Rückschwungs auf der korrekten Ebene geschwungen hat. Bleibt der Schläger nun auch während des Abschwungs bis zum Treffmoment auf dieser Schwungebene, wird das Zentrum der Schlagfläche solide auf die Rückseite des Balles treffen.

Der Socket hat seinen Ursprung oft schon zu Beginn des Abschwungs. Verändert sich dort die Schwungebene, wird der Schlägerkopf flacher zum Ball schwingen, als er vom Ball

✗ FALSCH ✗

Dreht der Oberkörper zu früh zurück, kommt die rechte Schulter zu rasch nach vorne, wodurch der Schläger in einer flacheren Schwungebene zum Ball schwingt, der dann mit dem Hosel getroffen wird.

Ein Socket kann die Folge sein, wenn der Schlägerkopf im Abschwung in einer flacheren Ebene zum Ball schwingt als im Rückschwung. In diesem Fall ist die Schlagfläche zwar square ausgerichtet, doch der Ball wird sowohl mit der Schlagfläche als mit dem Hosel getroffen.

✓ RICHTIG ✓

Bei der idealen Treffmoment-Position verlagert der Unterkörper das Gewicht. Die Schultern drehen erst zum Ziel, nachdem der Ball getroffen wurde.

✗ FALSCH ✗

Die Treffmomentposition beim Socket: Die rechte Schulter wurde zu früh zum Ziel gedreht, die Schwungebene wurde flacher. Die rechte Schulter hat den Schlägerkopf aus seiner ursprünglichen »Umlaufbahn« genommen.

Checkliste

- ❍ Ein Socket ist das Ergebnis, wenn der Hosel des Eisenschlägers auf den Ball trifft.
- ❍ Der Socket kann auf zwei Wegen passieren: Entweder ist die Schlagfläche zu weit geöffnet, oder der Abschwung erfolgt auf einer flacheren Schwungebene als der Rückschwung.
- ❍ Im Kampf gegen den Socket gilt es Pitches.
- ❍ Der Socket ist oft eine Steigerung des Slices, bei dem die Schlagfläche im Treffmoment auch geöffnet ist.
- ❍ Überprüfen Sie Ihre Schlagflächenkontrolle während des Schwungs: Verhindern Sie das Aufdrehen der Hände im Rückschwung, halten Sie Ihren Handeinsatz aber nicht zu passiv.
- ❍ Wenn sich im Abschwung der Winkel in den Handgelenken nicht auflöst, wird die rechte Schulter zu früh zum Ziel drehen. Folge: flachere Schwungebene!
- ❍ Überprüfen Sie die erste Phase des Abschwungs. Achten Sie darauf, daß der Schlägerschaft auf der idealen Schwungebene bleibt. Schieben Sie nicht mit dem Unterkörper zum Ziel!

weggeführt wurde. Interessanterweise kann dies auf zwei verschiedene Weisen erfolgen: Der Schlägerschaft wird entweder unterhalb oder oberhalb der idealen Schwungebene zum Ball geführt. Bei besseren Spielern geschieht dies oft unterhalb der Ideal-Schwungebene, weil ihnen gelehrt wurde, von innen zum Ball zu schwingen. Übt die Hüfte nun keine Ausgleichsbewegung aus, um den Schläger wieder zu kontrollieren, wird der Schlägerkopf beim Schwung unterhalb der idealen Schwungebene die Ball-Ziel-Linie von innen nach außen kreuzen. Der Schwung gerät zu flach, wodurch der

✓ RICHTIG ✓

Entscheidend ist, daß der Abschwung auf der korrekten Schwungebene beginnt. Der linke Arm zieht den Schläger abwärts, der Oberkörper dreht wieder zum Ball. Die Verlängerung des Schlägerschaftes zeigt zur Ball-Ziel-Linie.

✗ FALSCH ✗
Zu Beginn des Abschwungs befindet sich der Schläger unterhalb der idealen Schwungebene, wodurch diese flacher und der Ball mit dem Hosel getroffen wird. Der rechte Ellbogen ist zu stark abgewinkelt, der linke Arm zieht den Schläger nicht ausreichend abwärts.

✗ FALSCH ✗
Während des Abschwungs drehen die Schultern zu früh zum Ziel. Der linke Arm zieht den Schläger zu wenig abwärts, wodurch der Schlägerschaft außerhalb der idealen Ebene geschoben wird. Der Schläger wird vom Körper weggedrückt, der Ball erneut mit dem Hosel getroffen.

Ball mehr mit dem Hosel als mit der Schlagfläche getroffen wird.
Der gleiche Schlag kann aber auch durch das genaue Gegenteil bewirkt werden. Dreht während des Abschwungs der Oberkörper, vor allem aber die rechte Schulter, zu früh nach vorne, wird der Schlägerschaft über die ideale Schwungebene verrückt. Die Schwungebene verändert sich, weil die übertriebene Oberkörperdrehung den Schlägerkopf nach außen und vorne führt, statt ihn nach unten zu schwingen. Der Ball wird erneut mit dem Hosel statt mit der Schlagfläche getroffen.
Hilfe verheißt, die einzelnen Phasen des Schwungs zu überprüfen und den richtigen Schwung zu trainieren, bis er unabänderlich in Fleisch und Blut übergegangen ist. Achten Sie dabei vor allem auf die erste Abschwungphase: Auch wenn sich der Schlägerschaft zunächst unterhalb der idealen Schwungebene befindet, muß er auf halbem Abschwungweg wieder korrekt, sprich parallel zur Ball-Ziel-Linie liegen. Der etwas steilere Eintreffwinkel läßt sich wie folgt gut üben: Nehmen Sie die Ansprechposition ein und halten Sie den Schlägerkopf um etwa 10 Zentimeter außerhalb des Balles. Machen Sie nun einen Dreiviertel-Rückschwung, von wo aus Sie zum Ball schwingen. So erhalten Sie ein Gefühl dafür, den Schläger mit den Armen sauber nach innen und abwärts ziehen zu müssen, um den Ball solide zu treffen.

Eine Übung, um die Zugbewegung der Arme nach unten zu trainieren: Halten Sie den Schlägerkopf in der Ansprechposition etwa 10 Zentimeter außerhalb des Balles, und schwingen Sie den Schläger während des Abschwungs näher am Körper. So treffen Sie den Ball solide und sauber, weil Sie den Schlägerkopf nicht vom Körper wegdrücken.

Verzogene Schläge

Lange Schläge verlangen sowohl nach Schlagweite wie nach Richtungskontrolle. Im Zweifelsfalle ist es aber sicherlich ratsamer, einige Meter zu opfern, um den Ball im Spiel zu halten. Golfer mit Richtungsproblemen erzielen nur sehr selten einen guten Score. Golfer mit etwas kürzeren, dafür aber präzisen Schlägen indes verlieren selten einen Ball, halten ihn meist auf dem Fairway und müssen im schlechtesten Falle aus dem niedrigen Rough spielen. Es gibt Varianten von verzogenen Schlägen, doch bevor wir uns diese genauer betrachten, müssen Sie zunächst einiges über die Treffmomentfaktoren erfahren, um die Flugcharakteristiken des Balles verstehen zu können. Der Ballflug verrät viel über den Treffmoment! Doch selbst fortgeschrittene Golfer haben oftmals keine konkrete Vorstellung über das »Warum« ihres ungenauen Ballfluges. Entsprechend haben sie auch nur eine minimale Chance, Fehler zu korrigieren. In sehr seltenen Fällen löst sich das Problem dann nach dem Zufallsprinzip von alleine. Zumeist wird in stundenlangen Trainingseinheiten nach einer Ausgleichsbewegung gesucht. Deren Wirksamkeit wird aber auch nur von kurzer Dauer sein, da der eigentlichen Ursache ja nicht auf den Grund gegangen wurde. Es ist manchmal schon erstaunlich, wie lange sich Golfer mit Schwungfehlern quälen, ehe sie endlich einen Golflehrer aufsuchen, der ihnen den Fehler erläutern und somit viel Frust und Zeit ersparen kann!

Der Slice ist unter Anfängern weit verbreitet. Dieser Schlag ist äußerst ungenau, zudem mangelt es ihm an Weite. Bei Schlägern mit weniger Loft, wie dem Driver, kommt der Slice am deutlichsten zum Tragen, weil der Ball mehr Seiten- als Rückwärtsdrall annimmt, was dann die seitliche Abweichung von der Ideallinie nach sich zieht.

Beim Golf geht es vorrangig um die Kontrolle der Schlagfläche, da sie den Ballflug weitgehend beeinflußt. Zwar bestimmt auch die Schwungrichtung im Treffmoment den Ballflug, doch 75 Prozent der Richtungskontrolle hängt von der Stellung der Schlagfläche im Treffmoment ab. Ein weiterer Faktor der Richtungskontrolle besteht insbesondere bei den Hölzern darin, wie der Ball getroffen wird (Schlagflächenspitze, -zentrum oder -ferse). Im Treffmoment kann die Schlagfläche square (Ergebnis: ein gerader Schlag), offen (ein nach rechts startender Ball) oder geschlossen (ein nach links abweichender Ball) stehen. Die Tragweite der Abweichung von der Ideallinie hängt vom Rückwärtsdrall und somit vom Schläger ab. Beim gut getroffenen Wedge- oder Eisen-9-Schlag wird soviel Rückwärtsdrall erzeugt, daß er den Seitendrall weitgehend neutralisieren wird. Der gleiche Schlag mit einem langen Eisen oder Holz aber wird eine starke seitliche Abweichung zur Folge haben, da der Seitendrall zur Geltung kommt, sobald die Anfangsfluggeschwindigkeit und somit der Rückwärtsdrall abnimmt. Der Ball kann dann 25 bis 35 Meter seitlich des anvisierten Ziels landen. Gehen Sie also nicht davon aus, das Problem nur bei längeren Schlägen zu haben! Die Auswirkung ist zwar unterschiedlich schlimm, der Schwungfehler jedoch fast immer derselbe.

Den Slice korrigieren

Beim Slice dreht der Ball im Flug unkontrolliert nach rechts ab. Der Schlag ist ungenau, unbeständig, kurz und gilt als typisch für schlechtere Golfer. Ganz im Gegensatz zum Fade, bei dem der Ball gewollt und kontrolliert etwas von links nach rechts fliegt! Der Slice ist bei Golfanfängern stark verbreitet. Hat man ihn sich erst einmal antrainiert, nimmt seine Korrektur normalerweise viel Zeit und Training in Anspruch. Zunächst ist sicherzustellen, ob die Schultern square ausgerichtet sind, denn bei einer fehlerhaften Körperhaltung wird der Schwungfehler rasch zur Gewohnheit. Mit einer offenen, nach links des Ziels ausgerichteten Ansprechposition ist es schwierig, den Schläger im Rückschwung um den Körper zu schwingen, so daß die Handgelenke die Schlagfläche kontrollieren müssen.

Die Ursache des Problems liegt in der Stellung der Schlagfläche. Ehe Sie diese korrigieren, ist aber zunächst eine gute Routine beim Beziehen der Ansprechposition zu entwickeln. Die Ausrichtung der Schlagfläche, das Greifen des Schlägers und die Haltung des Körpers sind allesamt Faktoren, die Ihren Schwung beeinflussen. Zudem ist ohne gute Ansprechposition keine korrekte Körperdrehung möglich – Sie haben daher keine Möglichkeit, eine fehlerhafte Schlagflächenausrichtung zu korrigieren.

Überprüfen Sie Ihren Griff. Beim Anheben des Schlägers sollten zweieinhalb Fingerknöchel der linken Hand sichtbar sein. Beim »Slicer«-Griff sehen Sie nur einen oder eineinhalb Fingerknöchel. Dreht sich die Hand dann im Treffmoment in ihre natürliche Haltung zurück, wird die Schlagfläche geöffnet. Beim richtigen Griff liegt der rechte Daumen über dem linken, die rechte Handfläche zeigt zum Ziel. Überdeckt die rechte Hand zu sehr die linke, wird die Schlagfläche im Treffmoment ebenfalls geöffnet, weil sich der rechte Arm in seine natürliche Haltung zurückdrehen wird. Achten Sie in der Ansprechposition darauf, daß Schultern, Hüfte, Knie und Füße parallel zur Ziellinie ausgerichtet sind.

Es gibt verschiedene Schwungbereiche, die es zu überprüfen gilt. Schwingen Sie zurück und halten Sie auf halbem Wege an, also dann, wenn der Schlägerschaft parallel zum Boden liegt. Die untere Führungskante der Schlagfläche sollte nun in der 11.30-Uhr-Stellung sein. Sie zeigt aber auf die 1-Uhr-Stellung, wenn Sie die Schlagfläche durch einen übertriebenen Handgelenkeinsatz zu sehr aufgedreht haben. Am höchsten

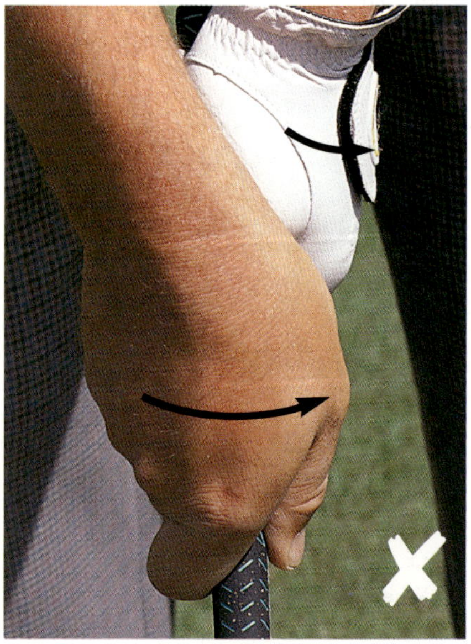

✗ FALSCH ✗
Überprüfen Sie zunächst Ihren Griff. Im Treffmoment drehen die Hände in die neutrale Position zurück. Falls schon zu Beginn des Schwungs die rechte, linke oder gar beide Hände falsch greifen, kann dies den Slice verursachen. In unserem Fall liegen beide Hände zu weit links. An der linken Hand läßt sich nur ein einziger Fingerknöchel erkennen, die rechte Hand ist zu weit nach links gedreht.

Punkt des Rückschwungs wird die Schlagflächenstellung nur wenig von ihrer »Halbzeitposition« abweichen, daher brauchen Sie sich mit dieser »End-Rückschwung«-Stellung nicht weiter auseinanderzusetzen.

Auf halbem Weg des Abschwungs, wenn der Schaft wieder waagrecht zum Boden liegt, ist zu überprüfen, ob sich die Schlagfläche in ihre neutrale Position zurückgedreht hat oder ob sie weiterhin offen steht.

Wenn bislang alles korrekt verlaufen ist, können Sie davon ausgehen, daß der Slice-verursachende Schwungfehler erst unmittelbar vor dem Treffmoment auftritt, was übrigens bei vielen Slice-geplagten Golfern tatsächlich der Fall ist! Da der Fehler aber zumeist nicht erkannt wird, wird er durch das Training gefestigt, bis er im Muskelgedächtnis verankert ist. Denken Sie daran, daß Ihre Hände und Unterarme gegen den Uhrzeigersinn drehen müssen, während der Körper zum Ziel dreht. Diese Bewegung wird »Release« genannt und beschreibt, wie sich der Winkel der Handgelenke vor dem Treffmoment auflöst, um die Schlagfläche square auf dem Ball treffen zu lassen. Hauptursache für einen Slice ist, daß die Hände zu fest bleiben und nicht durch den Treffmoment hindurch drehen. Dadurch sind sie im Treffmoment zu weit vor dem Schlägerkopf, die Schlagfläche bleibt geöffnet und der Ball dreht nach rechts ab.

Die Korrektur ist einfach: Lernen Sie, die Stellung der Schlagfläche zu kontrollieren und die korrekte Bewegung der Handgelenke und Unterarme zu »fühlen«. Ein guter »Release« beinhaltet das Gefühl, wie die rechte Hand über die linke dreht, sobald der Schläger im Abschwung die Hüfthöhe erreicht. Erfolgt die Bewegung der Handgelenke zu schnell, schließt sich die Schlagfläche frühzeitig, was einen Hook (Schlag nach links) zur Folge hat. Blockieren Sie aber die Handgelenke, und sei es noch so geringfügig, wird die Schlagfläche geöffnet bleiben. Damit die Schlagfläche im Treffmoment square steht, muß sie auf halbem Weg des Abschwungs und des Durchschwungs zur 11.30-Uhr-Stellung zeigen. Lernen Sie dies anhand des Minischwungs, ehe Sie zum vollen Schwung übergehen. Denn durch das Training mit dem Minischwung ist die Bewegung gezielter zu verinnerlichen und Fehler leichter zu korrigieren. Denken Sie auch daran, daß Ihre Handgelenke bei einem zu festen Griffdruck nicht korrekt agieren können. Stellen Sie daher sicher, den Schläger so zu greifen, daß der

✗ FALSCH ✗

Die geöffnete Schlagfläche verursacht den Slice. Im Treffmoment ist die Schlagfläche nach rechts verdreht, der Ball wird im Laufe seines Fluges, sobald die Anfangsfluggeschwindigkeit nachläßt, in diese Richtung abweichen.

✓ RICHTIG ✓

Hier zeigt sich die ideale Treffmomentposition, bei der die Schlagfläche square auf den Ball trifft, während die Hände nur etwas vor dem Ball sind. Der linke Arm bildet mit dem Schlägerschaft eine gerade Linie.

✗ FALSCH ✗

Die typische Treffmomentposition eines Slicers. Die Handgelenke sind zu weit vor dem Schlägerkopf und öffnen dadurch die Schlagfläche, wodurch der Ball nach rechts abdreht wird. Je weiter vorne die Hände, desto größer die Tendenz zum Slice.

✓ RICHTIG ✓

Beim korrekten Abschwung drehen rechtes Handgelenk und Unterarm während des Treffmoments über die linke Hand und den linken Unterarm. Überprüfen läßt sich dies anhand der Position der Schlägerkopfspitze auf halbem Durchschwung. Steht die Schlagfläche im Treffmoment square, wird ihre Spitze zum Himmel zeigen.

✗ FALSCH ✗

Drehen Unterarme und Handgelenke durch den Treffmoment hindurch zu wenig, bleibt die Schlagfläche geöffnet und der Ball sliced nach rechts. Auch diese falsche Stellung der Schlagfläche läßt sich auf halbem Durchschwungweg erkennen. Hierbei handelt es sich um die weitverbreitetste Slice-Ursache.

Checkliste

- ❍ Bedingt durch den Seitendrall, der durch die geöffnete Schlagfläche im Treffmoment verursacht wird, dreht der Slice während des Fluges nach rechts ab.
- ❍ Der Slice ist bei längeren Schlägern, insbesondere bei Hölzern, ersichtlicher, weil der Ball mit diesen Schlägern weniger Rückwärtsdrall annimmt, der den Seitendrall neutralisieren könnte.
- ❍ Bei richtiger Griffhaltung sind zweieinhalb Fingerknöchel der linken Hand sichtbar.
- ❍ Die rechte Handfläche muß in der Ansprechposition ebenso zum Ziel zeigen wie im Treffmoment.
- ❍ Vermeiden Sie einen zu starken Handgelenkeinsatz zu Beginn des Rückschwungs.
- ❍ Die Führungskante zeigt auf halbem Weg des Abschwungs zur 11.30-Uhr-Stellung.
- ❍ Drehen Sie die rechte Hand durch den Treffmoment hindurch über die linke, während Ihr Körper zum Ziel dreht.
- ❍ Die meisten Golfer mit Slice-Problemen blockieren Handgelenke und Unterarme im Treffmoment.
- ❍ Eine »Von außen nach innen«-Schwungrichtung fördert zwar auch den Slice. Hauptursache ist aber stets die geöffnete Schlagfläche.

»Release« ungehindert und natürlich erfolgen kann.

Ein einfach nach rechts abdrehender Slice ist zwar leicht korrigierbar. Doch meistens trainiert sich insbesondere der fortgeschrittene Golfer Kompensationsbewegungen an, wie eine Ausrichtung nach links bei der Ballansprache oder eine Veränderung des gesamten Schwungs. Im zweiten Fall geschieht dies zumeist durch einen Abschwung, bei dem die Schultern zu stark drehen, wodurch sich die Schwungrichtung durch den Treffmoment hindurch verändert. Als Folge wird der Ball dann zunächst nach links geschlagen, aber zum Ziel zurück drehen, sobald der Seitendrall zur Geltung kommt. Es ist ein Irrglaube, daß die Schwungrichtung den Slice verursache!

Den Hook korrigieren

Beim Hook dreht der Ball unkontrolliert von rechts nach links – im Gegensatz zum kontrollierten Draw, der zumeist von den besseren Golfern geschlagen wird. Die Ursache des Hooks liegt in einer geschlossenen, also nach links zeigenden Schlagfläche im Treffmoment. Da die geschlossene Schlagfläche den

Beim Hook dreht der Ball unkontrolliert nach links ab. Er fliegt zwar weiter als der Slice, weil er durch die niedrige Flugbahn weiter ausrollt, doch ebenso ungenau. Um die Flugbahn auszugleichen, richten sich viele »Hooker« in der Ansprechposition nach rechts aus.

Loft reduziert, fliegt der Hook in der Regel etwas niedriger und rollt nach der Landung weiter aus. Diese Verringerung des Lofts läßt sich leicht veranschaulichen, wenn Sie den Schläger einfach schließen, also zur linken Seite des Ziels drehen. Wenngleich der Hook eine große Schlagweite erzielt, so ist er doch ungenau und schwer zu kontrollieren. Dies insbesondere beim Grünanspiel, weil der Ball sehr weit ausrollen wird.

Deutlich mehr Golfer ziehen dem Hook den Slice vor. Dies liegt daran, daß dem Hook zumeist ein starker Handgelenk- und Unterarmeinsatz vor dem Treffmoment vorangeht. Dabei handelt es sich allerdings nur um eine von vielen Hook-Ursachen. Um den tatsächlichen Grund herauszufinden, müssen Sie daher einige Schwungpunkte überprüfen.
Zunächst sollten Sie sich der Stellung der Schlagfläche in der Ansprechpo-

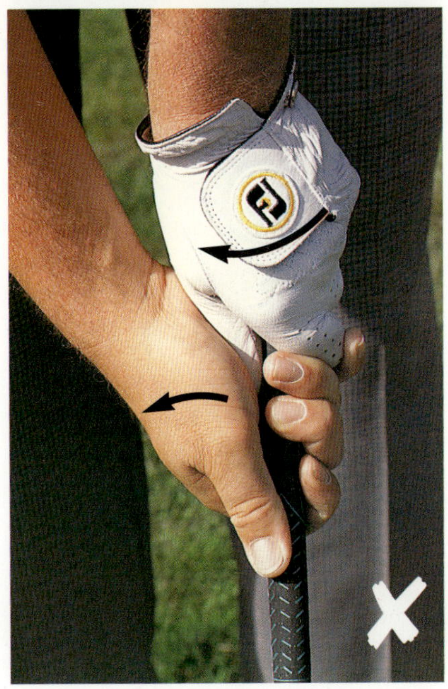

✗ FALSCH ✗

Überprüfen Sie als erstes den Griff. Beim »Hook-Griff« sind die Hände zu weit rechts plaziert. Alle vier Fingerknöchel der linken Hand sind sichtbar, die rechte Handfläche liegt zu weit unten am Schaft und zeigt auch nicht zum Ziel.

✗ FALSCH ✗

Der Hook wird durch eine im Treffmoment geschlossene Schlagfläche verursacht. Wenn die Schlagfläche zur linken Seite des Ziels verdreht ist, bekommt der Ball Linksdrall. In diese Richtung wird er abdrehen, sobald die Anfangsfluggeschwindigkeit nachläßt.

sition vergewissern. Steht sie square, oder ist sie etwa schon vor dem Schwung nach links verdreht? Achten Sie insbesondere auf Ihren Griff, ein Hook entsteht oftmals aus einer falschen Griffhaltung heraus. Wie bereits erläutert, müssen zweieinhalb Fingerknöchel der linken Hand sichtbar sein. Überpüfen Sie dies durch einen Blick in den Spiegel oder durch ein Anheben des Schaftes. Beim »Hook-Griff« sind zumeist drei, wenn nicht gar vier Fingerknöchel zu sehen. Es fühlt sich zu-

✓ RICHTIG ✓

Die ideale Stellung der Schlagfläche auf halbem Weg des Rückschwungs. Die Führungskante zeigt auf die 11.30-Uhr-Stellung, was voraussetzt, daß die Handgelenke etwas abgewinkelt sind, bevor der Schläger parallel zum Boden liegt.

✗ FALSCH ✗

Golfer, die den Ball hooken, schließen oft die Schlagfläche. Die Führungskante zeigt dann auf die 10-Uhr-Stellung. Ursache sind Handgelenke, die während der Schulterdrehung nicht abgewinkelt haben.

nächst unbequem an, wenn Sie den »Hook-Griff« korrigieren, dementsprechend wird es etwas Zeit in Anspruch nehmen, ehe Sie den Schläger richtig greifen. Manchmal ist aber auch »nur« die rechte Hand Ursache für die geschlossene Schlagfläche. Liegt sie aus Sicht des Spielers zu weit rechts auf dem Griffband, also in einer zu starken Position, wird sie im Treffmoment in ihre neutrale Stellung zurückdrehen. Dadurch schließt sich die Schlagfläche, was den Hook zur Folge hat. Die rechte Hand muß so greifen, daß die Handfläche zum Ziel zeigt. Dies läßt sich leicht überprüfen, indem Sie die Hand öffnen und erneut greifen, nachdem Sie sich vergewissert haben, daß die Handfläche zum Ziel – und nicht etwa nach rechts – zeigt.

Sind sowohl Körperausrichtung als auch Griff korrekt, muß die Schwungtechnik überprüft werden. Erinnern Sie sich, daß die Schlagfläche an gewissen Schwungpunkten genaue Kriterien erfüllen muß. Auf halbem Weg des Rückschwungs, wenn der Schlägerschaft parallel zum Boden liegt, muß die untere Führungskante der Schlagfläche (»Leading edge«) auf die 11.30-Uhr-Stellung zeigen. (Ist sie geschlossener, zeigt sie auf die 10-Uhr-Stellung!) Dieser Fehler zu Schwungbeginn wird verursacht durch ein mangelndes Abwinkeln der Handgelenke, wobei sich der rechte Ellbogen vom Körper entfernt, statt sich zur Hüfte hin abzuwinkeln.

Am höchsten Punkt des Rückschwungs zeigt eine geschlossene Schlagfläche zum Himmel. Die Stellung der Schlagfläche hängt zu diesem Schwungzeitpunkt jedoch primär von ihrer Stellung auf halbem Rückschwungweg ab.

Zur Hälfte des Abschwungs sollte die neutrale Schlagfläche erneut zur

✓ RICHTIG ✓

Auf halbem Weg des Durchschwungs sollte die Spitze des Schlägerkopfes zum Himmel zeigen. Dies bestätigt den korrekten Handgelenk- und Unterarmeinsatz vor dem Treffmoment.

✗ FALSCH ✗

Wenn die Handgelenke vor dem Treffmoment zu stark überrollen, wird die Schlagfläche geschlossen. Die Folge ist ein Hook.

11.30-Uhr-Stellung zeigen (eine geschlossene Schlagfläche wäre gen Boden gerichtet). Von dieser Position aus müssen Sie verhindern, daß rechte Hand und Unterarm zu früh über linke Hand und Unterarm drehen, weil sich dadurch die Schlagfläche wieder – Hook-verheißend – schließen würde. Statt dessen spüren Sie, wie die linke Hand durch den Treffmoment hindurch zieht. Gleichzeitig achten Sie darauf, daß der Schlägerkopf nicht von Armen und Handgelenken überholt wird. Durch die Drehung des Unterkörpers, insbesondere der Hüften, schaffen Sie den Bewegungsspielraum für die Arme. Sie drücken das rechte Knie nach vorne, bis es am höchsten Punkt des Rückschwungs das linke Bein berührt. Überprüfen Sie Ihre Position im Durchschwung, indem Sie den Schläger anhalten, wenn er wieder waagrecht zum Boden liegt. Vergewissern Sie sich, daß die Schlagfläche nun wieder in der korrekten 11.30-Uhr-Stellung ist. (Ist sie geschlossen, zeigt sie erneut auf die 10-Uhr-Stellung bzw. zum Boden.)
Die meisten Spieler, die sich Hookverursachende Fehler antrainiert haben, müssen diese kompensieren, um dennoch den Herausforderungen des Platzes gewachsen zu sein. Entweder richten Sie sich rechts des Ziels aus (so daß der Ball trotz seiner Flugkurve inmitten des Fairways landet), oder Sie entwickeln einen Schwung, der den Ball zunächst nach rechts fliegen läßt, ehe er durch die Hook-Flugkurve wieder zum Ziel zurückkehrt.
Diese Mischung aus Fehler und Ausgleich stellt jedoch einen schwer zu meisternden Balance-Akt dar, der nur in den seltensten Fällen zu Beständigkeit führt. Eine falsche Ausrichtung läßt sich durch gewissenhaftes Training leicht beheben. Verläuft Ihr Schwung indes von innen nach außen durch den Treffmoment, wird der Ball nach rechts fliegen (»Push«), sobald Sie die Stellung der Schlagfläche korrigierend verändern. Es gilt daher, nicht nur die falsche Stellung der Schlagfläche zu korrigieren, sondern auch die Schwungrichtung. Denken Sie daran, daß Golf in erster Linie ein Spiel der Schlagflächenkontrolle ist.
Nehmen Sie sich Zeit, den korrekten Schwung zu trainieren. Dies sollte auf der Driving-Range und nicht auf dem Platz geschehen. Wahrscheinlich werden sich die neuen Schwungpositionen zunächst ungewohnt unbequem anfühlen. Doch glauben Sie mir, das wird sich ändern!

Checkliste

❍ Der Hook wird durch eine geschlossene Schlagfläche im Treffmoment verursacht, die dem Ball Seitendrall verleiht, wodurch er nach links abdreht.

❍ Beim Hook fliegt der Ball in der Regel niedriger und rollt nach der Landung weiter aus.

❍ Vergewissern Sie sich, daß Ihre linke Hand in der neutralen Position ist. Beim »Hook-Griff« sind drei oder gar vier Fingerknöchel der linken Hand sichtbar.

❍ Die rechte Handfläche muß zum Ziel zeigen. Greift die rechte zu weit unten am Schlägergriff, wird sich die Schlagfläche im Treffmoment schließen.

❍ Überprüfen Sie die Stellung der Schlagfläche zur Hälfte des Abschwungs. Ist sie geschlossen, steht sie in der 10-Uhr-Stellung. (Und nicht, wie es richtig wäre, in der 11.30-Uhr-Stellung.)

❍ Die rechte Hand darf im Treffmoment nicht über die linke drehen. Achten Sie darauf, daß der linke Handrücken durch den Treffmoment hindurch zum Ziel zeigt.

❍ Wenn Sie von innen nach außen schwingen, muß Ihnen bewußt sein, daß es sich hierbei um eine Kompensation für die geschlossene Stellung der Schlagfläche handelt.

Den Pull korrigieren

Beim Pull fliegt der Ball erstens etwas niedriger als im Normalfall und zweitens nach links. Der Ball startet bereits links vom Ziel, weil der Schlägerkopf im Treffmoment in diese Richtung geschwungen wird. Die Schlagfläche ist dabei etwas nach links verdreht, sonst würde der Ball während des Fluges nach rechts zurückdrehen. Um den Pull genauer zu verstehen, müssen wir uns die Geschehnisse während der Schwungbewegung in Erinnerung rufen. Stellen Sie sich ein Zifferblatt vor, das, die 12-Uhr-Stellung genau vor Ihren Augen, um Ihre Hüfte verläuft. Sie stehen inmitten dieses Zifferblattes, die 3-Uhr-Stellung rechter-, die 9-Uhr-Stellung linker Hand in Zielrichtung. Auf halbem Weg des Abschwungs sollte der Schläger an der 3-Uhr-Stellung vorbeischwingen, im Treffmoment, wenn er die Ball-Ziel-Linie berührt, die 12-Uhr-Position erreichen und schließlich zur 9-Uhr-Stellung weiterschwingen. Der Schläger wird dabei in einem runden Bogen um den Körper herumgeschwungen. Im Treffmoment nähert sich der Schlägerkopf der Ball-Ziel-Linie, ehe er im Durchschwung um den Körper herum wieder nach oben schwingt.

✗ FALSCH ✗

Der Pull ist oft die Folge einer mangelnden Schulterdrehung im Rückschwung. Der Schlägerschaft zeigt zur linken Seite des Ziels, weil die Schultern um nur etwa 60 Grad gedreht haben.

✗ FALSCH ✗

Auf halbem Weg des Abschwungs zeigt der Schlägerschaft auf die 2-Uhr-Stellung, in dieser Position sollte der Schlägerschaft eigentlich parallel zur Ball-Ziel-Linie verlaufen. Auf unserem Bild aber kreuzt der Schläger die Ball-Ziel-Linie von außen nach innen.

✗ FALSCH ✗

Auf halbem Weg des Durchschwungs zeigt der Schlägerschaft zu weit nach links. Richtig wäre, wenn er zu diesem Schwungzeitpunkt erneut parallel zur Ball-Ziel-Linie verlaufen würde.

Bei einem Pull befindet sich der Schläger auf halbem Weg des Abschwungs in der 2-Uhr-Stellung, bewegt sich im Treffmoment zur linken Seite des Ziels und schwingt schließlich im Durchschwung in die 8-Uhr-Stellung. Grund: Die Schultern drehen im Abschwung zu früh, und der Spieler zieht zu wenig mit den Armen nach unten (bekannt als »Von außen nach innen«-Schwung).

Am besten korrigieren Sie diesen Schwungfehler, indem Sie sich zunächst auf das Gegenteil konzentrieren. So entwickeln Sie ein Gefühl für den richtigen Schwungablauf. Stellen Sie sich vor, der Schläger müßte auf halbem Weg des Abschwungs von der 3.30-Uhr-Stellung heraus zum Ball schwingen. Dies gelingt Ihnen nur, wenn Sie mit dem linken Arm bewußt abwärts ziehen, statt frühzeitig mit der Schulterdrehung zu beginnen. Es wird Ihnen zunächst Probleme bereiten, sich mit der ersten Abschwungphase vertraut zu machen. Doch je häufiger Sie diese Schwungsequenz wiederholen, desto einfacher wird sie Ihnen fallen. Fühlen Sie, wie der Schlägerkopf im Treffmoment zur rechten Seite des Ziels schwingt und zur Hälfte des Durchschwungs zur 9.30-Uhr-Stellung zeigt. Sie werden den Eindruck bekommen, der Schlägerschaft zeige auch nach dem Treffmoment weiterhin zum Ziel. Bedenken Sie auch, daß Ihr voller Schwung vorrangig davon abhängt, wie sich der Schläger beim Minischwung verhält. Konzentrieren Sie sich während des Trainings auf die Schwungbewegung von der Hälfte des Abschwungs bis zur Hälfte des Durchschwungs.

Checkliste

- ❍ Ein Pull startet und fliegt nach links. Es handelt sich dabei um die Kombination eines »Von außen nach innen«-Schwungs und einer Schlagfläche, die im Treffmoment ebenfalls nach links zeigt.
- ❍ Sie können die Fehlerkorrektur beschleunigen, indem Sie sich beim Training zunächst auf das genaue Gegenteil konzentrieren.
- ❍ Bei einer falschen Schwungrichtung wird der Schläger von der 2-Uhr- zur 8-Uhr-Stellung geschwungen.
- ❍ Meistens ist der Pull die Folge einer zu frühen Schulterdrehung im Abschwung. Versuchen Sie, die Schultern langsamer zu drehen und statt dessen die Abwärtszugbewegung des linken Arms zu verstärken.
- ❍ Fühlen Sie, wie der Schlägerkopf nach dem Treffmoment zum Ziel schwingt.

Den Push korrigieren

Beim Push startet der Ball nach rechts und fliegt in der Folge geradeaus nach rechts. Normalerweise fliegt der Push etwas höher und fällt daher etwas kürzer aus. Der Push tritt zumeist bei Golfern auf, die den Ball häufig hooken. Der wesentliche Unterschied zwischen Hook und Push besteht in der Stellung der Schlagfläche im Treffmoment. Um den Ball zu pushen, muß der Schwung im Treffmoment von innen nach außen verlaufen, gleichzeitig muß die Schlagfläche im Treffmoment etwas geöffnet sein, also ein wenig nach rechts zeigen. Stünde die Schlagfläche im Treffmoment square, würde der Ball von rechts nach links fliegen, das Ergebnis wäre dann kein Push, sondern ein Hook. Allerdings wird ein Spieler, der zum Hook neigt, dies dadurch zu kompensieren versuchen, daß er den Schläger von innen nach außen schwingt. Wenn die Schlagfläche dann leicht geöffnet statt geschlossen auf den Ball trifft, zieht der Ball auf die rechte Seite des Ziels.

Um diesen Schwungfehler zu korrigieren, betrachten wir noch einmal das Schwungmodell des vorherigen Kapitels. Der Schaft sollte auf halbem Weg des Abschwungs parallel zur Ball-Ziel-Linie verlaufen bzw. auf die 3-Uhr-Stellung zeigen. Beim Push fällt der Schläger während des Abschwungs unter die ideale Schwungebene, zumeist, weil der Spieler Hüfte und Beine zu früh zum Ziel schiebt, die rechte Schulter dadurch nach unten fällt und der rechte

✗ FALSCH ✗

Beim Push überdrehen die Schultern im Rückschwung, dadurch zeigt der Schaft auf die rechte Seite des Ziels. Im Abschwung wird der Schläger die Ball-Ziel-Linie von innen nach außen kreuzen, wodurch der Ball nach rechts zieht.

✗ **FALSCH** ✗

Auf halbem Weg im Abschwung zeigt der Schlägerschaft auf die 4-Uhr-Stellung, die Hüften zeigen noch nicht zum Ball und die Schultern sind noch zu weit aufgedreht.

✗ **FALSCH** ✗

Durch die falsche Einleitung des Abschwungs kreuzt der Schläger die Ball-Ziel-Linie von innen nach außen. Zeigt die Schlagfläche im Treffmoment auch nach rechts, ist die Folge ein Push.

Ellbogen zu nah an der rechten Körperseite entlang geführt wird. Auf halbem Weg des Abschwungs zeigt der Schlägerschaft dann auf die 4-Uhr-Stellung, im weiteren Verlauf wird er durch den Treffmoment von innen nach außen zu der 10-Uhr-Stellung schwingen.

Bei der Korrektur gilt zu berücksichtigen, wo sich der Schläger auf halbem Weg des Abschwungs befinden muß. Übertreiben Sie ruhig die Korrektur, um den Lernprozeß zu beschleunigen. Versuchen Sie dabei, von der 2.30-Uhr-Stellung heraus zum Ball zu schwingen. Sie sollten fühlen, wie die rechte Schulter im Abschwung zum Ziel dreht, statt nach unten zu fallen.

Versuchen Sie anschließend, den Schläger im Treffmoment nach links des Ziels zu schwingen und schließlich, zur Hälfte des Durchschwungs, in die 8.30-Uhr-Stellung zu gelangen. Kümmern Sie sich nicht allzu sehr um die Schlägerposition am höchsten Punkt des Rück- und Durchschwungs, sondern trainieren Sie insbesondere die Schwungpositionen des Minischwungs, ehe Sie – später – zum vollen Schwung zurückkehren.

Checkliste

❍ Der Push startet rechts und fliegt in einer geraden Flugbahn nach rechts.

❍ Die Schwungrichtung verläuft von innen nach außen, die Schlagfläche zeigt im Treffmoment etwas nach rechts oder steht im rechten Winkel zur Schwungrichtung.

❍ Übertreiben Sie die Korrektur, um den Lernprozeß zu beschleunigen!

❍ Bei der – falschen – Schwungrichtung zeigt der Schlägerschaft auf halbem Abschwungweg zur 4-Uhr- und auf halbem Durchschwungweg zur 10-Uhr-Stellung. Korrigieren Sie dies, indem Sie den Oberkörper während des Abschwungs früher zum Ziel drehen, damit der Schaft zur Hälfte des Abschwungs zur 2.30-Uhr-Stellung zeigt. Danach fühlt sich der Schwung an, als ziehe er nach links.

Register

Verbessern Sie Ihr Handicap

Hans-Joachim Walter
Fotos von Brian D. Morgan
Fairways für vier Jahreszeiten
Die 72 Traumziele für Golfer rund um die Welt
Die schönsten Plätze der Welt – ausgewählt nach den für ihren Besuch idealen Jahreszeiten – mit phantastischen Fotos von Brian D. Morgan, einem der besten Golffotografen.

Bob Rotella
Golf ist Selbstvertrauen
Besseres Handicap durch mentale Stärke
Die psychologischen Aspekte des Golferfolgs: das Selbstvertrauen stärken und ins Spiel bringen, professionelle Spielroutine entwickeln und persönliche Spielpläne erarbeiten.

Sue Crowcroft
Kagami Golf
Der natürliche Weg zu gutem Golf
Das neue, ganzheitliche Golf-Trainingsprogramm, das auf bewußter Selbstwahrnehmung basiert und Denkweise, Schwung sowie geistige und seelische Kondition markant verändert.

Alexander Kölbing/Achim Steinfurth
Richtig Golf rund ums Grün
Chip, Pitch, Putt und Sand
Die Technik des kurzen Spiels verbessern – ein wertvolles Aufbautraining für den fortgeschrittenen Golfer, methodisch leicht verständlich und unterhaltsam vermittelt.

Harvey Penick/Bud Shrake
Harvey Penick's Golf-Weisheiten
Das kleine rote Buch
Das Kultbuch für Golfer: Harvey Penick's Lehrmethoden und Erfahrungen aus 60 Jahren Golflehrer-Tätigkeit, die es Golfern jeder Spielstärke ermöglichen, ihr Spiel zu verstehen und zu verbessern.

Harvey Penick/Bud Shrake
Und spielst du Golf, bist du mein Freund
Das Golf-Kultbuch, 2. Teil – die Fortsetzung von »Harvey Penick's Golf-Weisheiten«, dem erfolgreichsten Sportbuch aller Zeiten: weitere Geschichten, Erfahrungen und Erlebnisse rund um das Grün.

Harvey Penick/Bud Shrake
Den Damen, die das Golfspiel lieben
Golf-Know-how speziell für Damen, die ihr Spiel verbessern möchten: Anleitungen und Tips von Harvey Penick – basierend auf seinen Unterrichtserfahrungen und Erfolgen mit großen Golfspielerinnen.

Harvey Penick/Bud Shrake
Golf-Inspirationen
Über meine Liebe zum Golf
Reflexionen des Golf-Philosophen: die Faszination des Golfspiels sowie die technischen und mentalen Voraussetzungen für optimale Spielergebnisse – neue Motivation für Golfer aller Spielstärken

Im BLV Verlag finden Sie Bücher zu folgenden Themen: Garten und Zimmerpflanzen • Wohnen und Gestalten • Natur • Heimtiere • Jagd • Angeln • Pferde und Reiten • Sport und Fitneß • Tauchen • Reise • Wandern, Alpinismus, Abenteuer • Essen und Trinken • Gesundheit und Wohlbefinden

BLV

Wenn Sie ausführliche Informationen wünschen, schreiben Sie bitte an:
BLV Verlagsgesellschaft mbH • Postfach 40 03 20 • 80703 München
Telefon 089/12705-0 • Telefax 089/12705-543